Das Ansprechen des Rehwildes

Merkmale guter und schlechter Veranlagung

Von

HANS BRUNS †

Jagdschriftsteller

und

OTTO SARTORIUS

Forstmeister i. R.

Mit 110 Zeichnungen auf 43 Tafeln
von Jagdmaler
KARL LOTZE †

Nachtragstafeln von Walter Vollrath

18., unveränderte Auflage

M&H SEIT 1897

Verlag M. & H. Schaper · Alfeld - Hannover

CIP-Titelaufnahme der Deutschen Bibliothek

Bruns, Hans:
Das Ansprechen des Rehwildes: Merkmale guter u. schlechter Veranlagung / von Hans Bruns u. Otto Sartorius. Mit 110 Zeichn. auf 43 Taf. von Karl Lotze. Nachtr.-Taf. von Walter Vollrath. – 18., unveränd. Aufl. – Alfeld; Hannover: Schaper, 1988.
ISBN 3-7944-0102-6
NE: Sartorius, Otto:; Lotze, Karl:

Printed in Western Germany

Satz, Druck, buchbinderische Verarbeitung:
Dobler-Druck GmbH & Co KG, 3220 Alfeld (Leine)

ISBN 3-7944-0102-6

Auffassung und Ethik des Waidwerks bestimmen unsere Einstellung zu Wild und Revier. Sie sind auch die Grundlagen der Jagdkameradschaft mit dem Ziel einer einheitlichen und grundlegenden Wildhege.

Das Ziel dieser Wildhege steht nach wie vor unverrückbar fest: **Schaffung und Erhaltung eines gesunden aber zahlenmäßig dem Revier angepaßten und für die Land- und Forstwirtschaft erträglichen Wildstandes!**

Dem Jäger ist es in die Hand gegeben, den Wildstand durch verständnisvolle Hege nach diesen Richtlinien aufzubauen. Voraussetzung jedoch ist, daß er die zum Aufbau und zur Erhaltung notwendigen und wertvollen Stücke richtig erkennt und anspricht.

Gerade unser Rehwild hat uns bezüglich seiner Hege mit dem Ziel der Erreichung eines guten Durchschnitts an Gehörnen vor manche Frage und Aufgabe gestellt, die nicht überall in den Revieren erfolgreich gelöst wurde.

Darum sollen unsere Aufzeichnungen auf Grund jahrzehntelanger Erfahrungen Jäger und Revierinhaber unterstützen!

Es sei vermehrt darauf hingewiesen, daß auch das weibliche Wild und die Kitze verstärkt in die Hegemaßnahmen — Abschuß der minderen Stücke — einbezogen werden müssen.

Die Freuden der Jagd kann der Jäger an jedem Stück Wild erleben, doch wird es stets ein Unterschied sein, ob er nur geringe Trophäen erbeutet oder ob er als Lohn einer verständnisvollen Hege mit einer starken Rehkrone heimkehren kann.

Selbstvertrauen zu seinen jagdlichen und waidmännischen Fähigkeiten, Vertrautsein mit der Hege und ständige Beobachtung des Rehwildes geben erst die Voraussetzungen zum Aufbau des Wildstandes!

Darum:

**Erst richtig ansprechen lernen,
dann den Finger krumm machen!**

Waidmannsheil !

Hans Bruns

Otto Sartorius

Während in der Hege und Aufartung der Rotwildbestände in den letzten Jahrzehnten nach den bisher gültigen Richtlinien sichtbare Erfolge zu verzeichnen sind, ist man damit beim Rehwild kaum einen Schritt weiter gekommen.

Woran liegt das? Vielfach wurden die Erfahrungen, die man bei der Aufartung des Rotwildes gemacht hatte, auch auf das Rehwild angewandt, meist jedoch ohne sichtbaren Erfolg. **Denn man vergaß dabei, auf die besonderen Eigenarten des Rehwildes einzugehen.**

Früher galt es als Höhe der Waidgerechtigkeit, **nur Sechserböcke zu schießen und das weibliche Wild weitestgehend zu schonen.**

Die **Folge** davon waren — **überhegte Bestände** und nach dauerndem Abschuß der besten Erbträger — **entartetes Wild.**

Heute ist anzustreben: Gesundes, starkes Wild in für das Revier angemessener Zahl zu hegen und zu erhalten!

Der Jäger will neben starkem Wildpretgewicht in erster Linie gute Trophäen erbeuten. Aber nur **von starkem, gesundem Wild** sind **gute,** ja **kapitale Trophäen** zu erwarten, wenn auch die dazu notwendige Veranlagung vorhanden ist.

Die gute Gehörnveranlagung zu erkennen und zu fördern ist unsere Aufgabe.

Der **Rehbock** trägt bei guter Veranlagung sein **bestes Gehörn** im 4. bis 6. Lebensjahr, während der **Hirsch** seine **beste Zeit** vom 10. bis 14. Jahr hat.

Diese frühe Reife ist maßgebend für die weitere Hege des Rehwildbestandes.

Beim Hirsch im Alter von 3 bis 6 Jahren kann man noch sehr gut eine Auslese treffen. Beim Rehbock dagegen muß man **im frühesten Alter damit beginnen.**

Durch die Einzelbrunft des Rehwildes kommt — im Gegensatz zum Rotwild, bei dem der ältere Hirsch ein ganzes Rudel führt —

schon der ein- bis zweijährige Bock zum Beschlag und zur Fortpflanzung. Daher ist beim Rehwild **die Ausmerzung** der **Schlechtveranlagten unbedingt in den jüngsten Altersklassen durchzuführen.** Bei schlechten, schwachen Jährlingsböcken **abzuwarten,** ob nicht doch noch etwas Besseres aus ihnen wird, ist **grundfalsch. Fort mit allem Schlechten und Mittelmäßigen gerade bei den jüngsten Altersklassen!** Sonst ist alle Mühe um Aufartung und Hege umsonst!

Will man sich ein Bild von der Güte eines Rehwildbestandes machen, **beobachte man zunächst die Jährlinge.**

Haben wir dort **einjährige Böcke mit lauscherhohen Spießen, Gabeln oder Sechserstangen, so sind diese Böcke die Grundlage, auf der wir aufbauen.**

Diese gut veranlagten Jährlinge sind Träger besten Erbgutes und müssen grundsätzlich vor dem Abschuß bewahrt bleiben!

Gute ältere Böcke sind **ebenfalls** zu **schonen, solange** sich der Bestand **im Aufbau** befindet.

Die Erlegung von starken Ernteböcken ist erst dann **gerechtfertigt,** wenn das Revier eine genügende Anzahl gut veranlagten männlichen Wildes aufweist.

Alle Minderwertigen, wie vor allem Knopfböcke, aber auch **geringe Spießer,** letztere besonders, wenn sie schlecht bei Wildpret und im Haarkleid sind (spät verfärben und fegen), **sind ohne Zögern auszumerzen.** Diesen Schlechtveranlagten eine Gnadenfrist einzuräumen, ist grundverkehrt. Denn im nächsten Jahre sehen sie bestenfalls wie gute Jährlinge aus, werden als Zweijährige in ihrer Anlage nicht erkannt, entgehen somit dem Abschuß und haben Gelegenheit, sich zu vererben.

Daher: **weg mit diesen Schlechtveranlagten, dadurch Raum den Gutveranlagten.** Man erntet dann an Stelle der bestenfalls ewig Mittelmäßigen starke und kapitale Gehörne.

Ein **großer Fehler,** der vor allem früher häufig gemacht wurde und mit zur Entartung des Rehwildes beitrug, war der **zahlenmäßig zu große Bestand.**

Im Sommer ist zwar auch für einen größeren Wildbestand meist genügend Äsung vorhanden, jedoch schiebt der Rehbock sein Gehörn in der Notzeit Dezember bis Februar, und dann wirkt sich die Überhege und damit der Äsungsmangel am schädlichsten aus.

Besonders benachteiligt ist **ein zu starker Rehwildbestand in großen Waldungen,** vor allem, wenn noch Rotwild in größerer Zahl die Äsungsmöglichkeiten verringert. Erfahrungsgemäß ist das Rehwild aus solchen Revieren an Gewicht wie an Kopfschmuck geringer.

Daraus ergibt sich, **daß der Rehwildbestand nicht größer sein darf, als es die Äsungsmöglichkeiten gestatten. Stück für Stück muß jederzeit die ausreichende und eine kräftige Entwicklung verbürgende Äsungsfläche haben.**

Daher soll die Gesamtzahl des Rehwildes — die sogenannte Wilddichte — umgerechnet auf 100 Hektar Revierfläche nicht mehr als 10 Stück betragen. Diese Höchstziffer gilt aber nur für günstigste Äsungsverhältnisse (gute Mischung von Wald und Feld) und vor allem genügend Knospenäsung von Laubholz und Unterwuchs. In reinen Nadelholzrevieren mit geringer Feldfläche sollen nicht mehr als 4 Stück Rehwild je 100 Hektar Revierfläche vorhanden sein.

In größeren Waldbeständen, in denen man das Rehwild in entsprechender Wildpret-Stärke erhalten will, ist die Anlage von Wildäckern notwendig, und zwar **im** Walde und an den verschiedenen Einständen. Es findet dann auch je nach der Jahreszeit: Roggensaat, Klee, Hafer, Runkeln, Kuhkohl usw.

Künstliche Fütterungen sind **in Notzeiten** rechtzeitig voll zu beschicken. Dann aber denke man daran, daß das Rehwild sehr wählerisch ist, und man biete nur bestes, süßes Wiesen- oder Kleeheu, unausgedroschenen Hafer sowie — nicht verschimmelte — Eicheln und Kastanien. Hat man Einfluß auf die Hiebsführung im Walde, so lege man die Laubholzschläge so früh wie möglich — Oktober/November — und möglichst verteilt im ganzen Revier. Die Knospen, vor allem von alten Samenbuchen und die Blütenknospen von Eichen und Aspen, sind eine sehr beliebte und wertvolle natürliche Äsung. Außerdem ist der Anbau von Brombeere und Himbeere zu empfehlen und ihr Wuchs durch entsprechende Düngung zu fördern.

Neben der Äsung ist die Einwirkung des Klimas für den Gehörnaufbau von einschneidender Bedeutung!

Nicht nur strenge Winter mit hohen Schneelagen und starkem Frost beeinträchtigen in Mittel- und Westdeutschland oft den Gehörnaufbau infolge von Nahrungsmangel und Frostschäden. Auch nasse, weiche Winter wirken sich ungünstig aus. Die mangelnde Sonnenbestrahlung begünstigt häufig den Parasitenbefall (Lungen- und Darmschmarotzer) und sonstige Krankheiten! Geringe und oft abnorme Gehörne sind häufig die Folgen solcher Einflüsse. Umgekehrt ist eine kräftige Sonnenbestrahlung entwicklungsfördernd für die Bastgehörne. **Grundlegend** für die **Gehörnentwicklung** ist jedoch die **Erbanlage.**

Einleuchtend ist, daß körperlich geringes Wild immer stärker zu leiden hat als ein gesunder Bestand.

Das anzustrebende Geschlechterverhältnis soll zur Blattzeit 1 : 1 sein, wobei die Jährlinge nicht mitzurechnen sind. Wenn aber, wie es häufig geschieht, die mittelalten Böcke zum größten Teil bereits vor der Blattzeit totgeschossen werden, so müssen die Jährlinge deren Aufgaben übernehmen. Diese körperlich noch nicht vollreifen Böcke kommen daher nach der Blattzeit völlig erschöpft in den Winter. In der Folge schieben sie dann ein Gehörn, das den Erwartungen durchaus nicht entspricht. Das Gleiche gilt, wenn auch in geringerem Umfange, für die mittelalten Böcke, wenn, wie oft in der Blattzeit, ein Geschlechterverhältnis von 1:5 besteht.

Hier ist der Grund zu suchen, wenn nach günstig verlaufenen Wintern die Gehörne der Böcke enttäuschen.

Ein Überwiegen des weiblichen Geschlechts hat ein zu schnelles Anwachsen des Gesamtbestandes zur Folge und damit Überhege mit allen ihren schädlichen Auswirkungen.

Die Zahl des weiblichen Wildes muß daher durch Abschuß dem des männlichen Wildes angeglichen werden. Da eine Auslese nach Gehörnveranlagung hier nicht möglich ist, muß die Auswahl nach Körperstärke der Erfahrung des Jägers überlassen bleiben.

Wertvoll für die Aufartung des Bestandes **sind die frühgesetzten, starken Einzelkitze.**

Von den Zwillingskitzen ist so früh wie möglich (ab. 16. IX.) das Schwächere wegzunehmen, bei einem Bock oder Rickenkitz grundsätzlich das Rickenkitz. Der Abschuß eines Bockkitzes soll nur stattfinden, wenn es im Verhältnis zu dem Rickenkitz außergewöhnlich schwach ist. Durch diesen frühen Abschuß des einen

Kitzes kommt dem verbleibenden Kitz die ganze Muttermilch — die Ricke säugt bis in den Januar hinein — zugute, was es mit freudiger und kräftiger Entwicklung dankt. **Starkes, gesundes Jungwild ist die Grundlage** für den **Aufbau des Bestandes.**

Schwache und vor allem sehr spät gesetzte Kitze sind samt Ricke abzuschießen! Denn ein spät gesetztes Kitz kommt schwach in den Winter, kümmert und holt die Schädigung in der frühesten Jugend nie wieder auf. Außerdem sind spät gesetzte Kitze meist die Folge von später Brunft der Ricken. Aus diesem Grunde sind auch diese Ricken auszumerzen.

Der Jährling zeigt am sichersten die Wertklasse seiner Familie an. Führt eine Ricke wiederholt in ihrem Revierteil den im Gehörn schwachen Jährling, so muß diese Rehfamilie ausgemerzt werden, da die Ricke schlechte Erbträgerin ist.

Ist bis **Anfang Dezember** der **zahlenmäßig erforderliche Abschuß noch nicht erfüllt,** so müssen jetzt Schmalrehe und nicht führende Ricken erlegt werden, stets von dem **Grundsatz** ausgehend, daß beim **Abschuß von weiblichem Wild immer nur die schwächsten Stücke** ausgewählt werden.

Die nachfolgenden Bildtafeln mit Erläuterungen veranschaulichen, was man bei guter Veranlagung durch richtige Hege erwarten und erreichen kann.

Erstes Lebensjahr

Der Bockkitz, der Ende April/Mai gesetzt ist, beginnt bei **guter** Veranlagung im August die **Rosenstöcke** zu schieben. Diese Rosenstöcke, die als Erhebungen zu erkennen sind, bieten bis zum Oktober **eine gute Unterscheidungsmöglichkeit** zwischen Bock- und Rickenkitz.

Der **Pinsel,** da sehr klein, ist oft schwer zu erkennen. Die **Schürze** beginnt beim Rickenkitz erst im Oktober zu wachsen.

Bockkitz im August — September

im 1. Lebensjahr

Erstes Lebensjahr

Die **Bockkitzschädel** zeigen im August/September wulstige Stirnzapfen (Rosenstöcke) (Tafel 2, 1). Sie sind **bei starken, gutveranlagten** Bockkitzen **bis zum November voll ausgebildet.**

Auf diesen Rosenstöcken bildet sich das **Erstlingsgehörn** (Tafel 2, 2), das bei besonders kräftig entwickelten, gutveranlagten Stücken bis zu mehreren cm hoch werden kann.

Typisch für diese Erstlingsknöpfchen (Erstlingsgehörne) ist **das Fehlen jeglicher Rosenbildung.** Die Erstlingsknöpfchen werden gewöhnlich bis Februar abgestoßen (Tafel 2, 3). Von jetzt ab wächst auf den **Rosenstöcken das Gehörn des ersten Lebensjahres.**

Der Bockkitzschädel

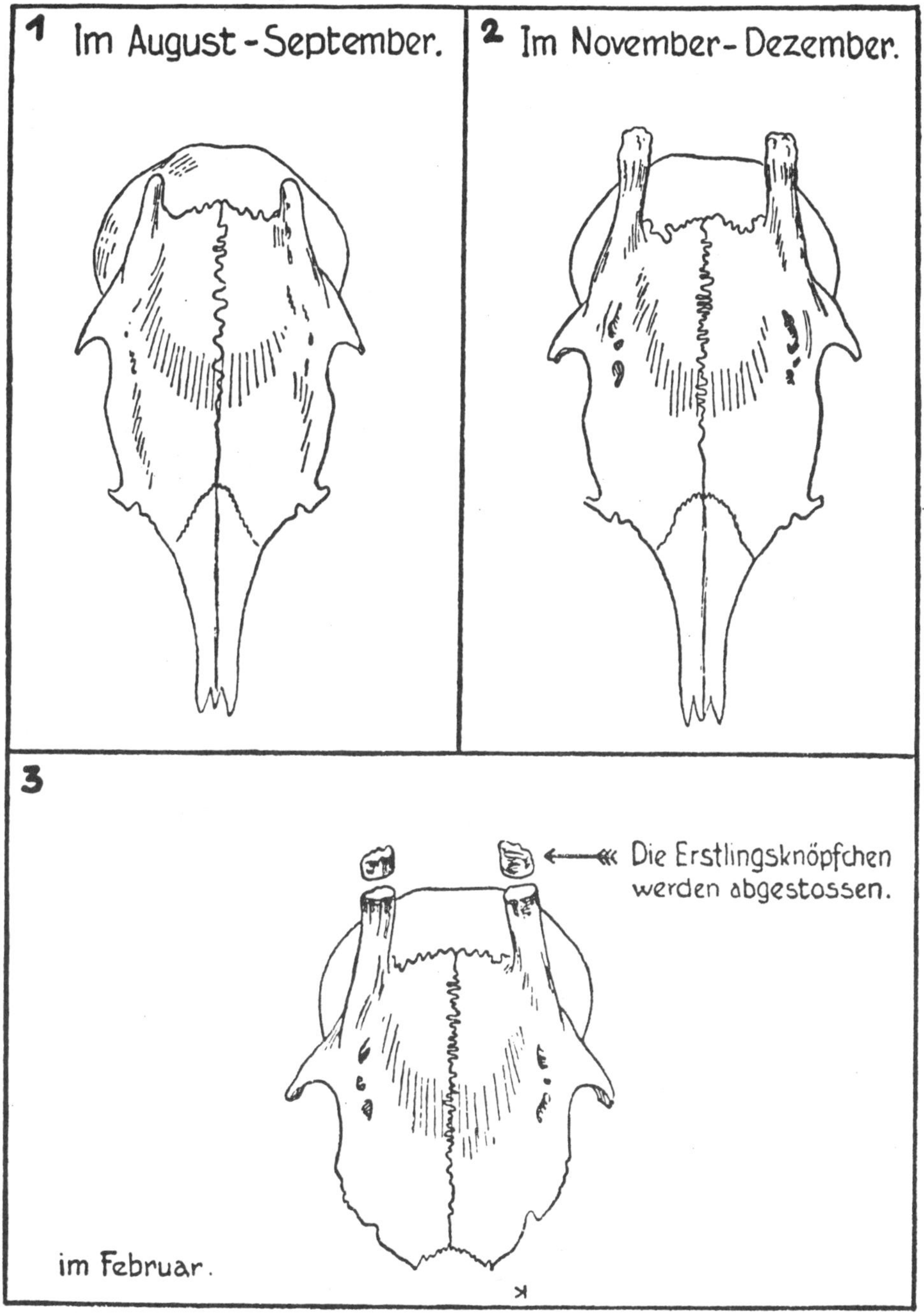

Das Ansprechen nach Körperform

Im Dezember sind die Unterscheidungsmerkmale zwischen Bock- und Rickenkitz deutlich ausgeprägt.

Das **Bockkitz** zeigt eine kürzere, gedrungenere Figur, die deutlich sichtbaren Knöpfchen auf dem Kopf, den durch das Winterhaar deutlich sichtbaren Pinsel und den runden Spiegel.

Das **Rickenkitz** hat eine schlankere Figur, ist feingliedriger, der Hals ist dünner und erscheint daher länger und schlanker. Es zeigt auf dem herzförmigen Spiegel die gut erkennbare Schürze.

Bei beiden wirkt der Rumpf im ganzen „unvollendet", mehr lang als breit. Ein gutes Erkennungszeichen ist in manchen Revieren der weiße Nasenring. (Oberes Bild.) Dieser verliert sich nach dem 2. Lebensjahr, ist je nach Rehschlag aber auch im 3. Jahr noch vorhanden.

Im Winter und Frühjahr steht das Rehwild mit Vorliebe auf den Saatfeldern am Waldrand in Sprüngen beisammen. Dieser **Zeitpunkt** ist der **geeignetste,** um sich die **Unterscheidungsmerkmale einzuprägen** und sich zugleich ein **Bild** von dem **Gesundheitszustand** und der **Stärke** des **gesamten Bestandes** zu machen. Man beachte das Benehmen der einzelnen Stücke. Die Kitze sind scheu und ängstlich und unbeholfen in den Bewegungen. Sie wissen sich noch behütet und drängen Schutz suchend zur Ricke.

Das **untere Bild** zeigt eine **starke Ricke** mit einem gut entwickelten Bockkitz und einem **zurückgebliebenen** Rickenkitz. **Rechts vorne** ein mittelalter, **etwa dreijähriger** Bock, der sein Bastgehörn noch schiebt, während der **starke alte Bock,** der sein Bastgehörn fast fertig geschoben hat, sich etwas abseits hält.

Abschußnotwendig ist das **schwache Rickenkitz.**

Es hätte zweckmäßigerweise so früh wie möglich geschossen werden müssen. Für Abschuß nach der Jagdzeit ist im Einzelfall oder generell Genehmigung der zuständigen Jagdbehörde einzuholen.

Bockkitz Rickenkitz **Zeit: Dezember**

Ricke Rickenkitz Bockkitz Mittelalter Bock Starker Bock

Zeit: Januar – Februar

Erstes Lebensjahr

Im Februar beginnt nach Abwerfen der Erstlingsknöpfchen bei den Bockkitzen der **Aufbau** des **1. Gehörns. Die Gehörnveranlagung** läßt sich nach dem Aufbau des Bastgehörns klar erkennen. Das **gutveranlagte Bockkitz** schiebt noch in seinem **ersten Lebensjahr lauscherhohe Spieße, Gabeln oder schon Sechserstangen**, die **Ende April** in ihrer vollen Höhe ausgebildet sind. Das **Bastgehörn** eines solchen guten Jährlings **sieht sehr vielversprechend aus.** Man erwarte nicht zuviel, da die **gefegten Stangen** des Jährlings meistens enttäuschen.

Doch bietet das **Bastgehörn für die Beurteilung der Höhe** einen recht guten Anhaltspunkt. Eine Perlung des Erstlingsgehörnes ist im Bast nicht zu erkennen. Die Rosen zeigen sich nur als schwache Wulste.

Beim älteren Bock richtet sich der Beginn des Gehörnwachstums nach dem Zeitpunkt des Stangenabwurfs. **Der alte Bock wirft** in der Regel **früher ab** (oft schon Mitte Oktober). **Der jüngere Bock wirft später ab** (Mitte November bis Mitte Dezember).

Ein starker Bock, der früh abgeworfen hat, **kann** Ende Januar schon im Schmuck des vollständig geschobenen Bastgehörns stehen (s. Tafel 3 unten rechts).

Im übrigen verschiebt sich der Zeitpunkt des Abwerfens je nach Veranlagung des einzelnen Stückes innerhalb dieser Zeitgrenzen.

Jährling im Bast – im 1. Lebensjahr

Zeit: März – April

Zweites Lebensjahr

Das Fegen des 1. Gehörns geschieht bei den **jetzt einjährigen Böcken Ende Mai,** meist erst im Juni. Einjährige Bastböcke, die auch im Juli noch nicht gefegt haben, sind unbedingt zu schonen, sofern die Höhe des Gehörns dem Durchschnittsanspruch des Reviers genügt.

Nebenstehend ein **gut veranlager,** 13 Monate alter **Gabler.** An den starken Rosenstöcken erkennt man den gesunden Knochenbau und die gute Veranlagung, denn gesundes, starkes Wild hat einen kräftigen Knochenbau, und **nur auf starken Rosenstöcken wächst ein starkes Gehörn.**

Wo Jährlinge von solcher Güte im Revier vorhanden sind, muß alles Geringerwertige zum Abschuß kommen. **Gefordert werden muß von Jährlingen,** daß sie mindestens lauscherhohe Spieße tragen. (Normale Entwicklung). **Besonders gut veranlagte Jährlinge** tragen **schon Gabler-** und **oftmals Sechserstangen.**

Das abgekochte Gehörn solcher Jährlinge zeigt häufig nach innen gehende Stellung der Rosenstöcke.

Auszumerzen sind in erster Linie **die Knopfböcke.**

Denn diese haben infolge körperlicher oder erbbiologischer Veranlagung in ihrem 1. Lebensjahr weder die Knöpfchen abgestoßen noch ein, wenn auch nur geringes Gehörn geschoben (s. Knopfbock Tafel 5, 3 und Tafel 7, 2).

Im 2. Lebensjahr ab Mai des folgenden Jahres

1 2

Gut veranlagter Jährling

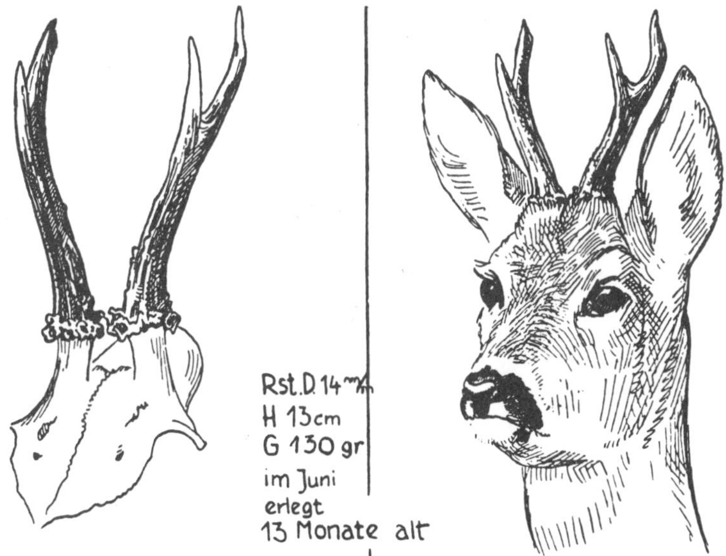

3

Schlecht veranlagter Jährling

Zweites Lebensjahr

Ein sehr gut veranlagter Jährling hat **auffallend starke Rosenstöcke** und **Verlagerung** der **Gehörnmasse nach oben.**

Starkes Wildpret bei Jungwild erschwert das Ansprechen des Bockes, da die **körperlichen Altersmerkmale** verwischt werden.

Die 3 Unterkiefer A, B, C kennzeichnen die Entwicklung der Backenzähne vom 12. bis 15. Monat.

A. **Jährlingsgebiß im Zahnwechsel** (12 Monate alt, Mai/Juni). Jetzt werden die ersten 3 Backenzähne (Milchzähne), die Prämolare 1, 2, 3, grundsätzlich gewechselt. Diese, auf der Zeichnung schraffiert, werden durch die nachkommenden Dauerzähne I, II, III emporgehoben und dann abgestoßen. Die 3 Milchzähne sind weicher und mit 13 Monaten bereits stark abgeschliffen. Der 3. Milchzahn (3) ist dreiteilig (siehe Zeichnung A, 3) und der 3. Prämolar (III) ist bereits halb sichtbar. Der V. und VI. Molar hat sich wenig aus dem Zahnfleisch gehoben und ist daher noch hell. Der letzte (VI) ist noch nicht voll entwickelt und daher niedriger als V.

B. **Im Juni** ist bei gesundem Wild, also im Alter von 13 Monaten, der **Zahnwechsel beendet.** Die 3 Prämolaren (I, II, III) sind voll entwickelt, aber noch ganz weiß. Der letzte Molar VI ist zu voller Höhe herausgewachsen.

C. Die Prämolaren I—III beginnen sich zu bräunen. **Der Bock ist jetzt 15 Monate alt.** Der IV. und V. Molar zeigen den stärksten Abschliff, während Prämolar III und Molar VI den ersten Anschliff aufweisen.

In den folgenden Jahren schleifen sich die Kauflächen je nach Beanspruchung und Härte des Zahnmaterials mehr oder weniger ab. Beim 2. Jahr kann man den Grad des Abschliffs noch einigermaßen genau festlegen. Bei drei- und mehrjährigen Böcken ist der Abschliff des Gebisses sehr verschieden. Die Gebisse der Wildmarkenböcke auf der I. J. A. Berlin 1937 zeigten, daß es ein **Schema** der Gebißabnutzung für eine **genaue Altersbestimmung nach dem 3. Jahr nicht gibt.**

Im 2. Lebensjahr

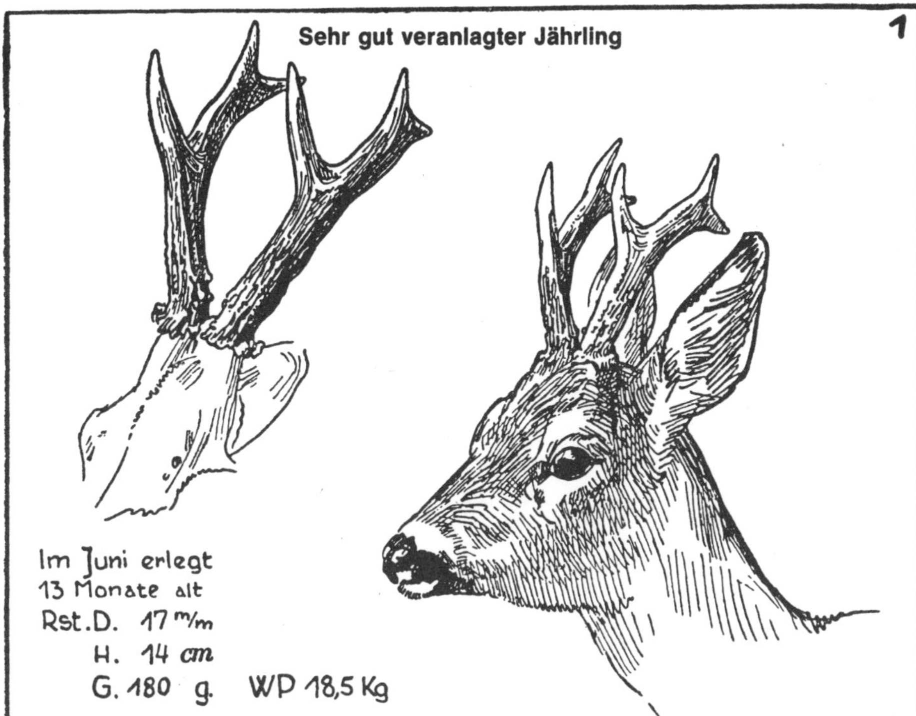

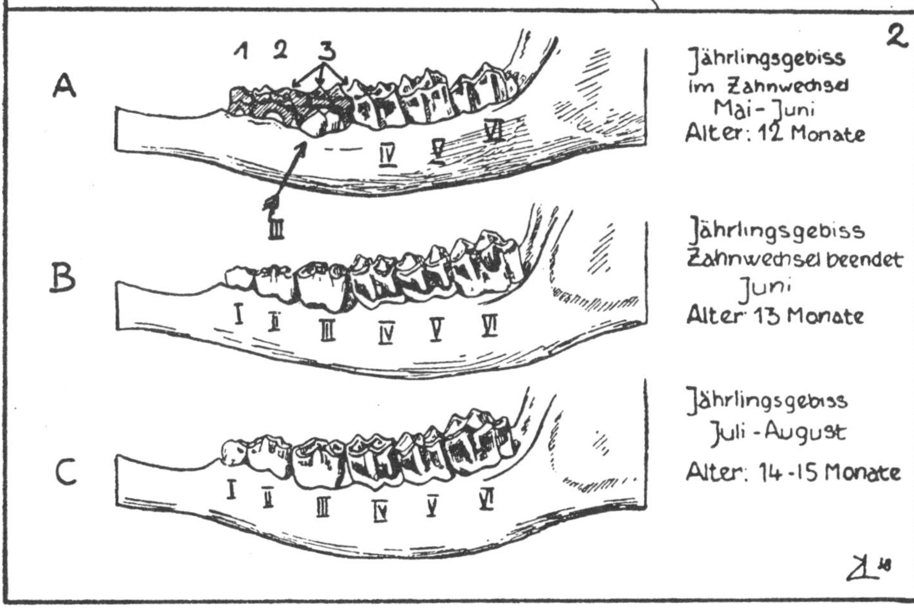

Zweites Lebensjahr

Kapital veranlagter einjähriger Sechser mit ungewöhnlich starken, wulstigen Rosenstöcken. Die **Rosen** dieses Jährlings **beweisen,** daß **Dachrosen bei diesem Bock kein Zeichen hohen Alters** sind, **sondern** auf **Veranlagung** beruhen.

Im Gegensatz zu dem hervorragend veranlagten Jährling steht der **Knopfbock** (Tafel 7 unten), der **trotz guten Wildpretgewichts schlechteste Veranlagung** hat.

Anstatt normaler Spieße oder Gabeln von etwa 10 cm Höhe nur 1—2 cm hohe Knöpfe.

Während in früheren Jahren Knopfböcke alleinige Folge von schlechter Erbanlage und Krankheit waren, tritt heute ein neuer wichtiger Faktor für die Entstehung von Knopfböcken hinzu — der Wildtot auf den Straßen. Infolge der hohen Verkehrsdichte verlieren die Bockkitze allzufrüh die Ricke.
Ergebnis: der Jährlingsknopfbock.

Während die ungefegten Knopfgehörne leichter zu erkennen sind, sind die gefegten Knopfböcke sehr schwer anzusprechen. **Sichere Grundlage für das Ansprechen solcher Böcke ist das Nässen.**

Ebenfalls ist bei guten Beobachtungsmöglichkeiten das Kurzwildpret zu erkennen.

Besondere Vorsicht bei dem Abschuß von ungefegten Knopfböcken ist **nach dem 15. August** geboten. Denn dann können frühgesetzte starke Bockkitze ihre Rosenstöcke schon geschoben haben, und der Kopf eines solchen Bockkitzes ist mit seinen von der Decke überzogenen Rosenstöcken dem eines 1jährigen Knopfbockes vom 16. Mai oder auch später sehr ähnlich.

Im 2. Lebensjahr

1

Hervorragend veranlagter Jährling

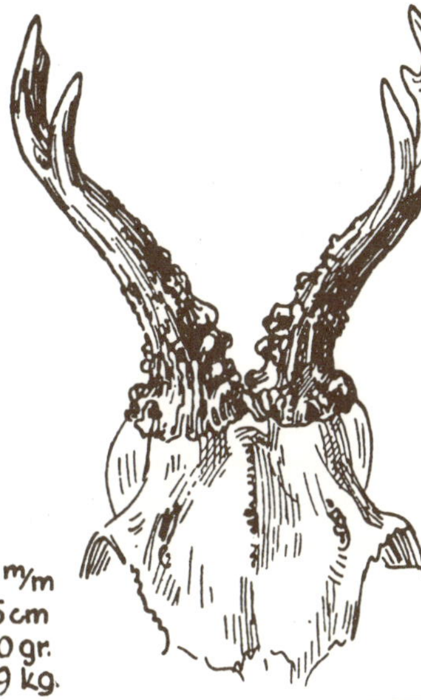

Rst.D. 21 m/m
H. 15 cm
G. 220 gr.
WP. 19 kg.

2

Knopfbock, blank gefegt

Rst.D. 11 m/m
H. 1 cm

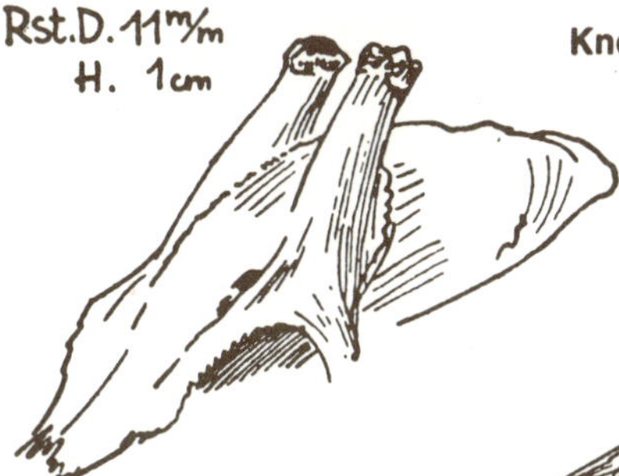

Jm Juli erlegt, 14 Monate alt. WP. 15 kg.

ZL 38.

Zweites Lebensjahr

Gehörn-Masse ist **ausschlaggebend,** ob bei **Jährlingen Abschußberechtigung** vorliegt.

Ungleiche Stangen bei genügender Gesamtlänge **rechtfertigen keinen Abschuß,** ebensowenig ein kolbenförmiges, aber gut geperltes Gebilde (Tafel 8, 2). Solche Stücke lassen eine spätere starke Rosenbildung und Perlung erwarten.

Abschußnotwendig dagegen sind **einseitige Knopfböcke** (Tafel 8,3) **oder „Knopfspießer"** (Tafel 8,4).

Bei 3 und 4 ist zwar das Gehörn geschoben, **verspricht aber bei der geringen Gehörnmasse keine Zukunft.**

Gute und schlechte Jährlinge (im 2. Lebensjahr)

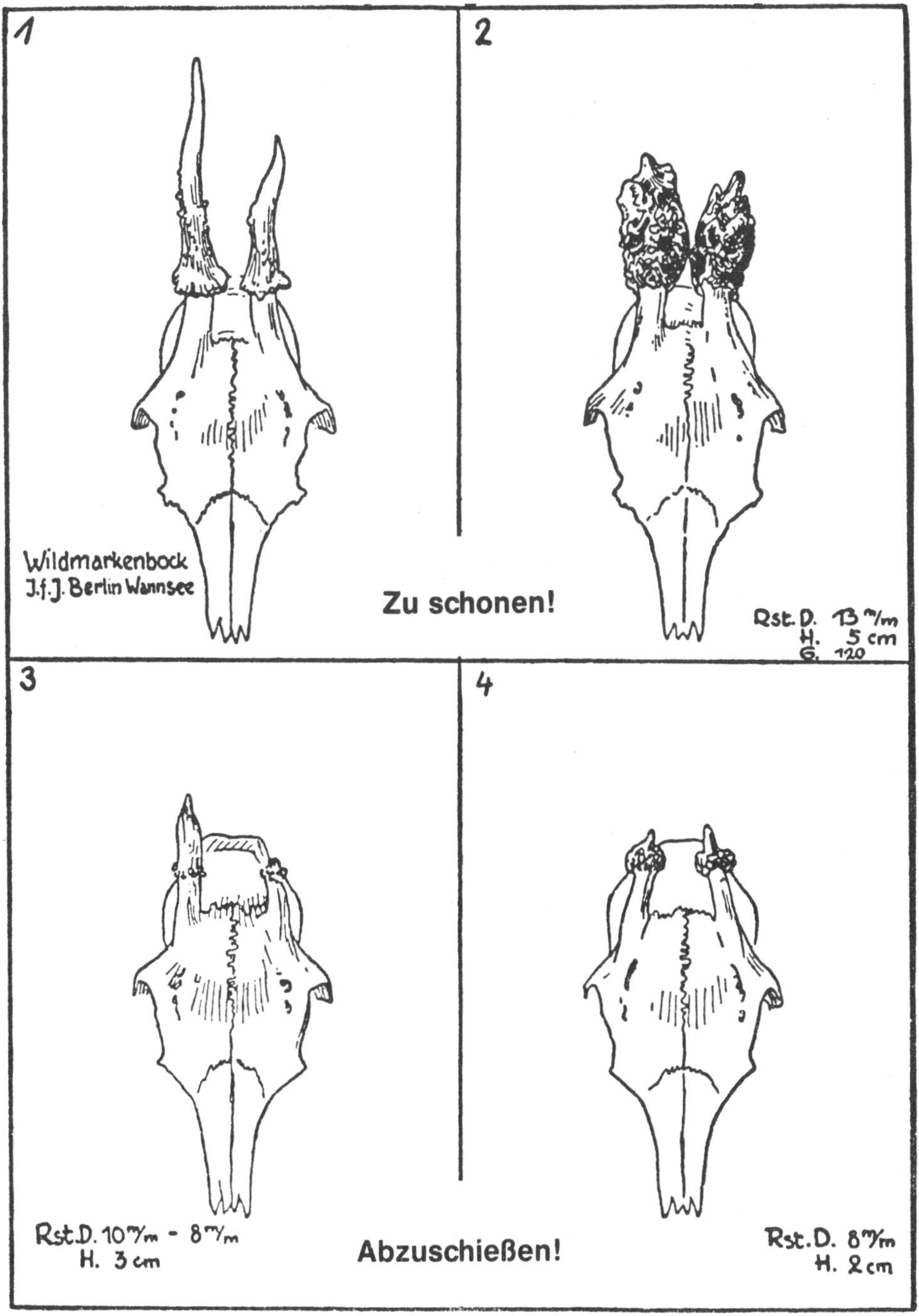

Zu schonen!

Abzuschießen!

Jährlinge im zweiten Lebensjahr

Beide Wildmarkenböcke zeigen beste Veranlagung. Auch **ohne Endenbildung** (wie Tafel 9, 1) **bleibt ausschlaggebend** beim Jährling die **Gehörnmasse.**

Die **Formen** verändern sich bis zum 3. Lebensjahr durch den schnellen Aufbau, bieten also bei Jährlingen in den seltensten Fällen Anhaltspunkte für die spätere Gehörnform (s. auch Tafel 24 und 26 a+b).

Unbedingt zu schonen sind Jährlinge, die **im Juni bis Juli noch nicht gefegt** haben, vorausgesetzt, daß sie ein genügend hohes Gehörn tragen.

Auszumerzen dagegen sind die Böcke, die bis zur Blattzeit (im August) noch nicht blank sind. **Hier** liegt wahrscheinlich **krankhafte Störung vor.**

Schlechte Jährlinge erkennt man an der **rauhen Decke** und der **schwachen Figur.** Bei diesen sitzen die **kümmerlichen Spieße auf dünnen,** oft **stark einwärts gebogenen Rosenstöcken** und auf papierdünnen Schädelknochen.

Jährlinge (im 2. Lebensjahr)

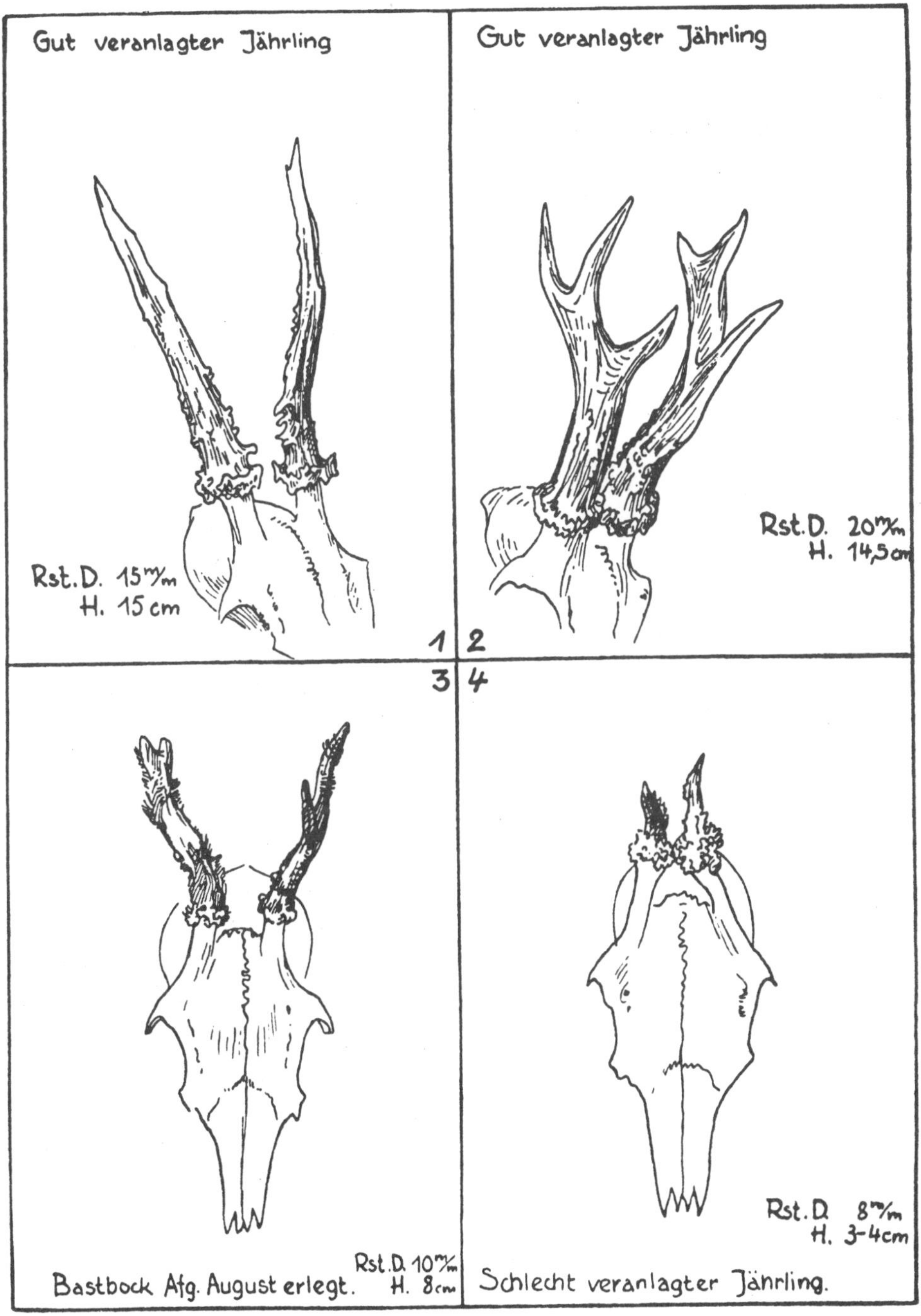

Drittes Lebensjahr

G u t v e r a n l a g t e z w e i j ä h r i g e B ö c k e sind **Anfang Juni durchweg vollkommen verfärbt, glatt und rot.**

Dies ist das **sicherste Zeichen,** daß man einen **jungen Bock** vor sich hat.

Die älteren Böcke sind **zu dieser Zeit noch nicht** vollständig **verfärbt,** zumindest ist der **Hals noch grau. D a h e r i s t e s g r u n d f a l s c h , z u A n f a n g d e r J a g d n u r „r o t e B ö c k e“ z u s c h i e ß e n . Damit vernichtet man bestveranlagte Jugend!**

Nebenstehend ein **gut veranlagter zweijähriger ungerader Sechser,** darunter ebenso alte, schlecht veranlagte Böcke.

Im 3. Jahre muß man **mindestens gute Gabeln verlangen,** bei **guter Veranlagung** ein **voll ausgebildetes Sechsergehörn.**

Zweijährige (im 3. Lebensjahr)

1 — Gut veranlagt — 2

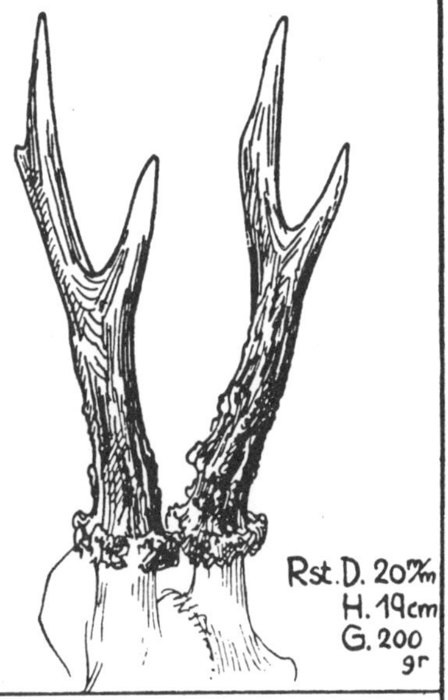

3 — Schlecht veranlagt — 4

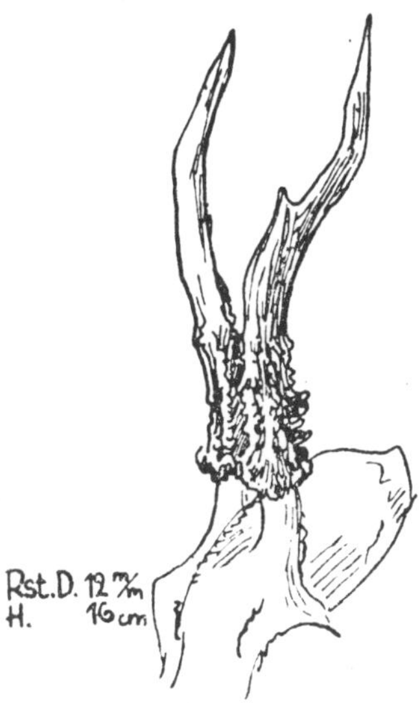

Drittes Lebensjahr

Ein zweijähriger gut veranlagter Bock, der sein **Gehörn unter günstigen Umständen** geschoben hat.

Die Rosenstöcke sind nur mittelstark. Die Stangen sind infolge guter Äsung (Eichen- und Buchenvollmast und üppige Wintersaaten) besonders stark. Die Enden sind gut vereckt, stumpf und rund, ein Zeichen der Jugend.

Darunter ein „**ewig Mittelmäßiger**", der Ende Juli noch nicht voll verfegt hat.

Zweijährige (im 3. Lebensjahr)

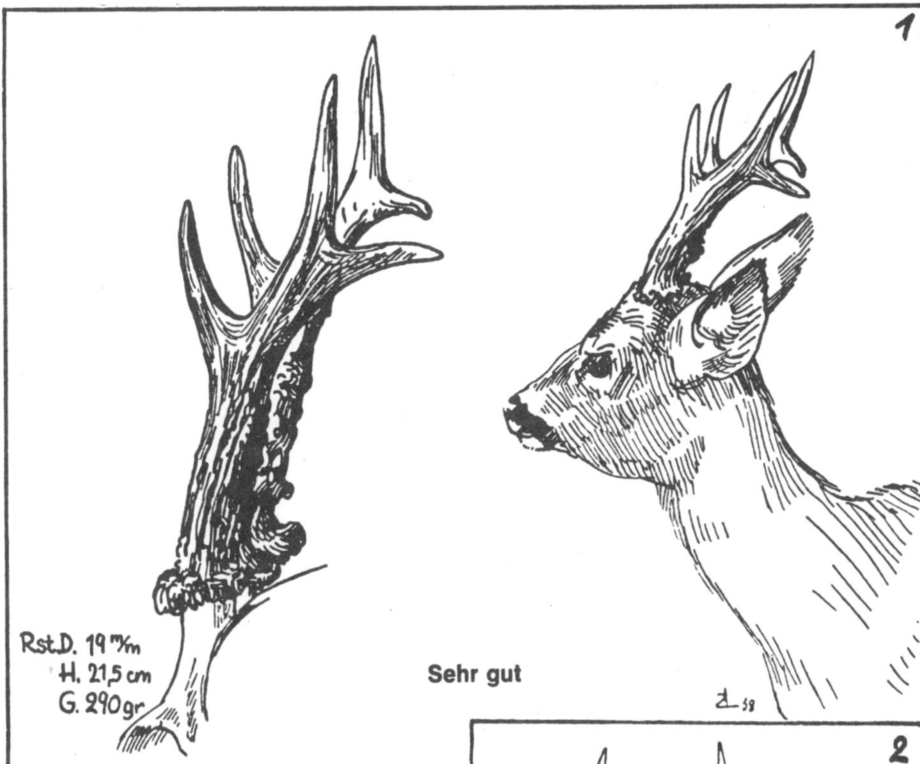

Sehr gut

Mittelmäßig

Drittes Lebensjahr

Die beiden **gut veranlagten Zweijährigen** zeigen **verschiedene Gehörnformen bei gleichen Standortsverhältnissen.**

Die **Kranzrosen** bei 1 und die **Dachrosen** bei 4 beweisen auch hier wieder, daß **Dachrosen nicht Zeichen des Alters,** sondern **erbbedingte Veranlagung** sind.

Zweijährige (im 3. Lebensjahr)

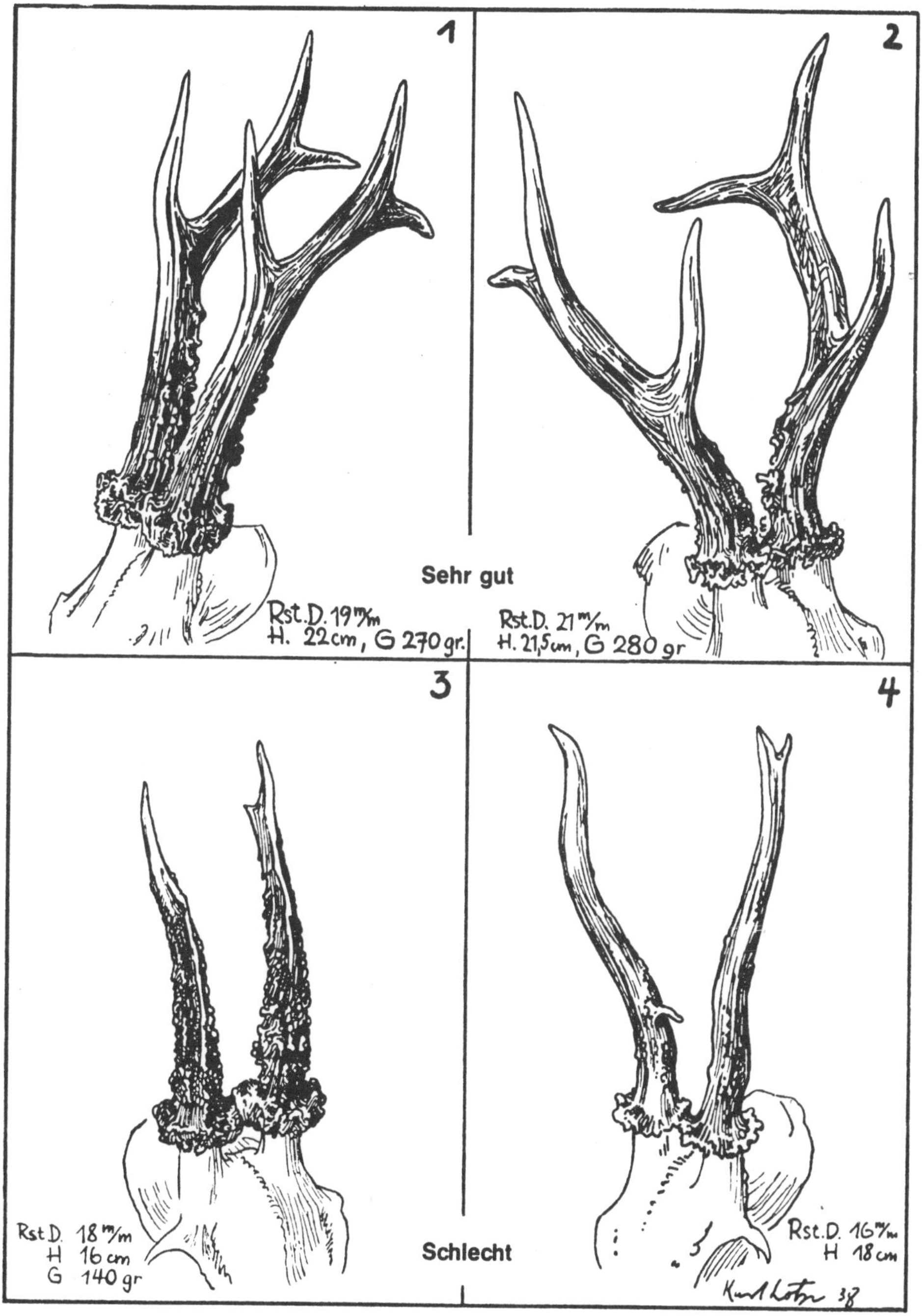

Viertes Lebensjahr und älter

Vom 4. bis 6. Lebensjahr erreichen die Böcke mit guter Veranlagung ihre beste Zeit! In dieser Zeitspanne tragen sie ihr stärkstes Gehörn. Sie stehen jetzt auf der Höhe der Entwicklung.

Das sind die Aufbauböcke mit der erstrebenswerten Krone, deren Vererbung sicherzustellen ist.

Alles **Wucht und Vollendung: Starke Stangen, gute Vereckung** und **Perlung.**

„**Stärke**" vereint mit „**edler Form**".

Diese Böcke (Ia Böcke), falls als Ernteböcke zum Abschuß freigegeben, sind dann tunlichst nach der Blattzeit zu erlegen.

Während bei den **Dreijährigen** die **Gehörnmasse** sich **noch oben** befindet und das Gehörn sich durch gute, lange Vereckung auszeichnet, tritt beim 5. bis 6. Lebensjahr oft schon eine **Rückentwicklung der Endenlänge** und eine **Verlagerung** der **Stärke nach unten** ein. **Entscheidend** dafür sind: **Veranlagung** und **Revierverhältnisse.**

Die schlechtveranlagten zeigen oft **„flammige" Obersprossenbildung und kurze Enden** bei **geringer Stangenstärke.**

Im 4. und späteren Lebensjahr

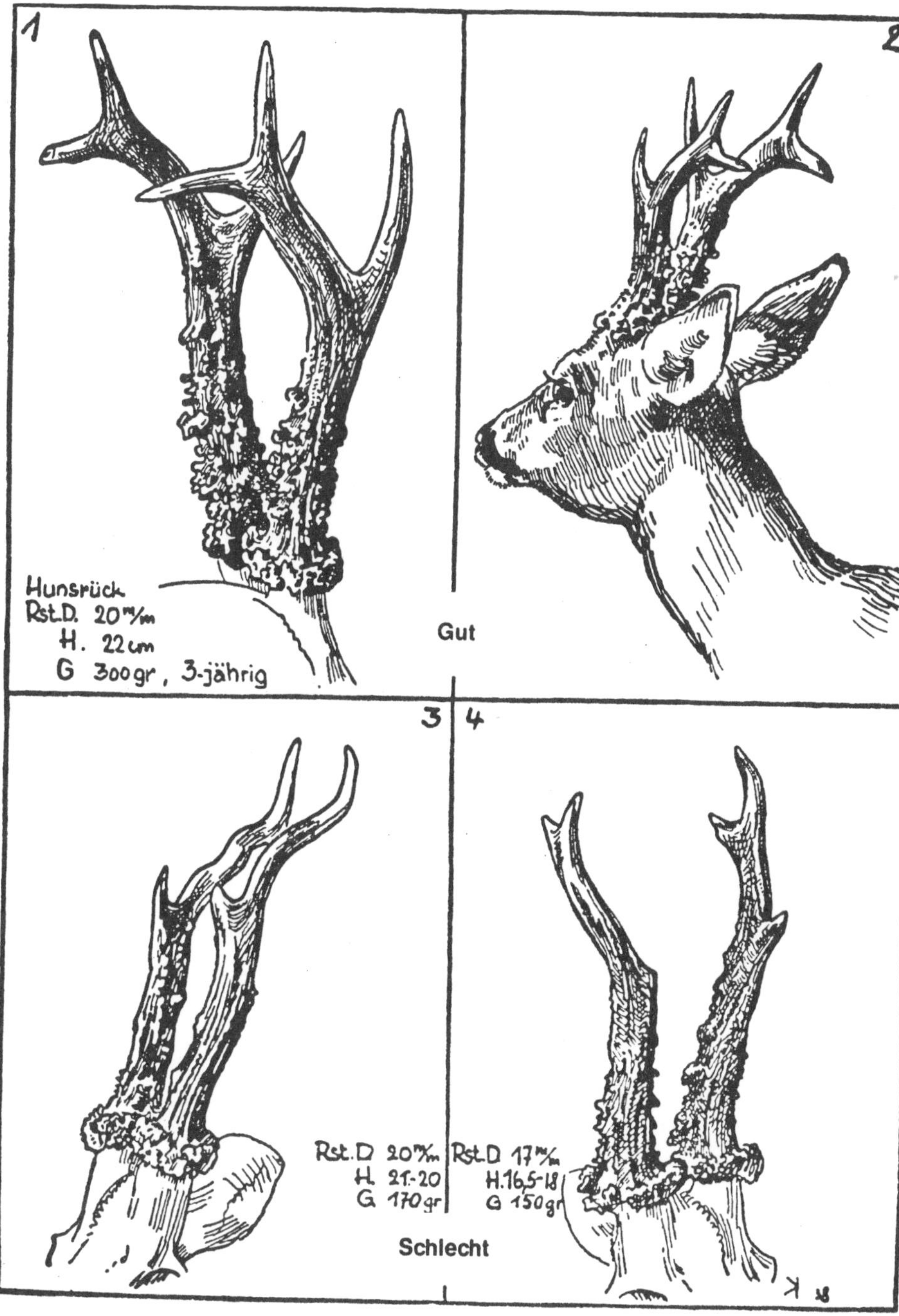

Viertes Lebensjahr und älter

Das Aufbau- und Hegeziel

Oben: **Kapitalbock:**

Verlagerung der Masse nach oben. Gute Endenbildung. Edle Form. Schaufelartige Verbreiterung. Zusätzliche Vereckung zeigt Ansatz zum Achterbock. Überschüssige Kraft eines vierjährigen Bockes, auf der Höhe der Entwicklung.

Unten: **„Erfolg" der falschen Hege.**

Auswirkung der Unentschlossenheit, das Schlechte rechtzeitig auszumerzen.

Daher: Geringe Masse. Schlechte Endenbildung und Form. Mangelnde Perlung.

Im 4. und späteren Lebensjahr

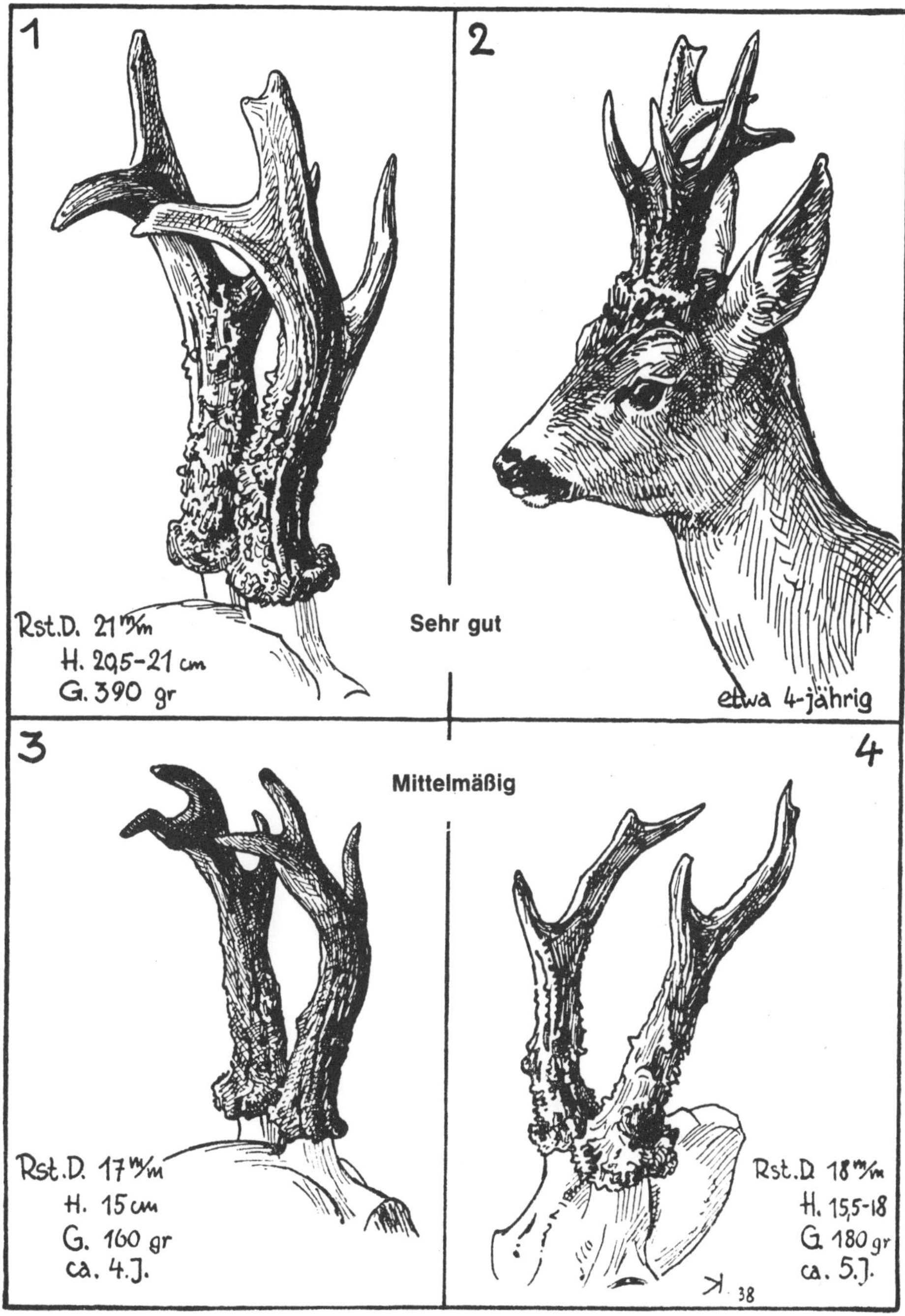

Vier kapitale Ernteböcke

Solche Kapitalböcke können in jedem Revier vorkommen.

Sie brauchen keine Ausnahme zu bilden! Ihre Häufigkeit ist gebunden an die pflegliche Behandlung des Bestandes, gute Äsungsmöglichkeiten und günstige klimatische Verhältnisse.

Vier kapitale „Erntebböcke“

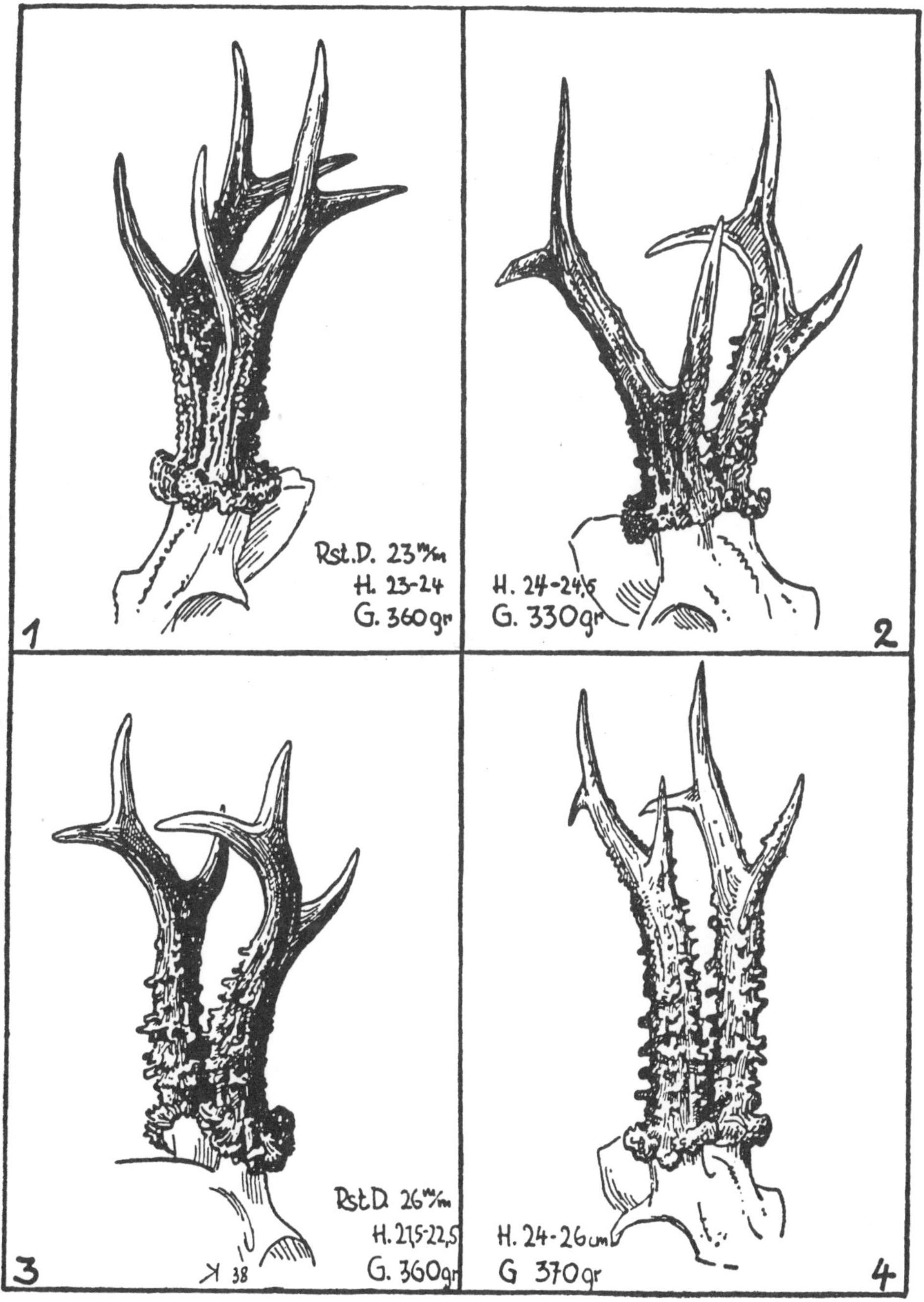

Im vierten und späteren Lebensjahr

Auszumerzen sind: Alle Spießer und Gabler.

Alle mittelmäßigen Sechser mit dünnen Stangen, schlechter Vereckung, mangelnder Gehörnmasse und fehlender Perlung.

Um die **Abschußnotwendigkeit zweifelhafter** Böcke eindeutig festzulegen, ist ihr Verhalten zu anderen Böcken ausschlaggebend.

Man beobachte ihr ganzes Benehmen, besonders auch beim Kampf um die **Einstände** und **guten Äsungsplätze.**

Schlecht veranlagte, mittelalte Böcke, 3–5jährig

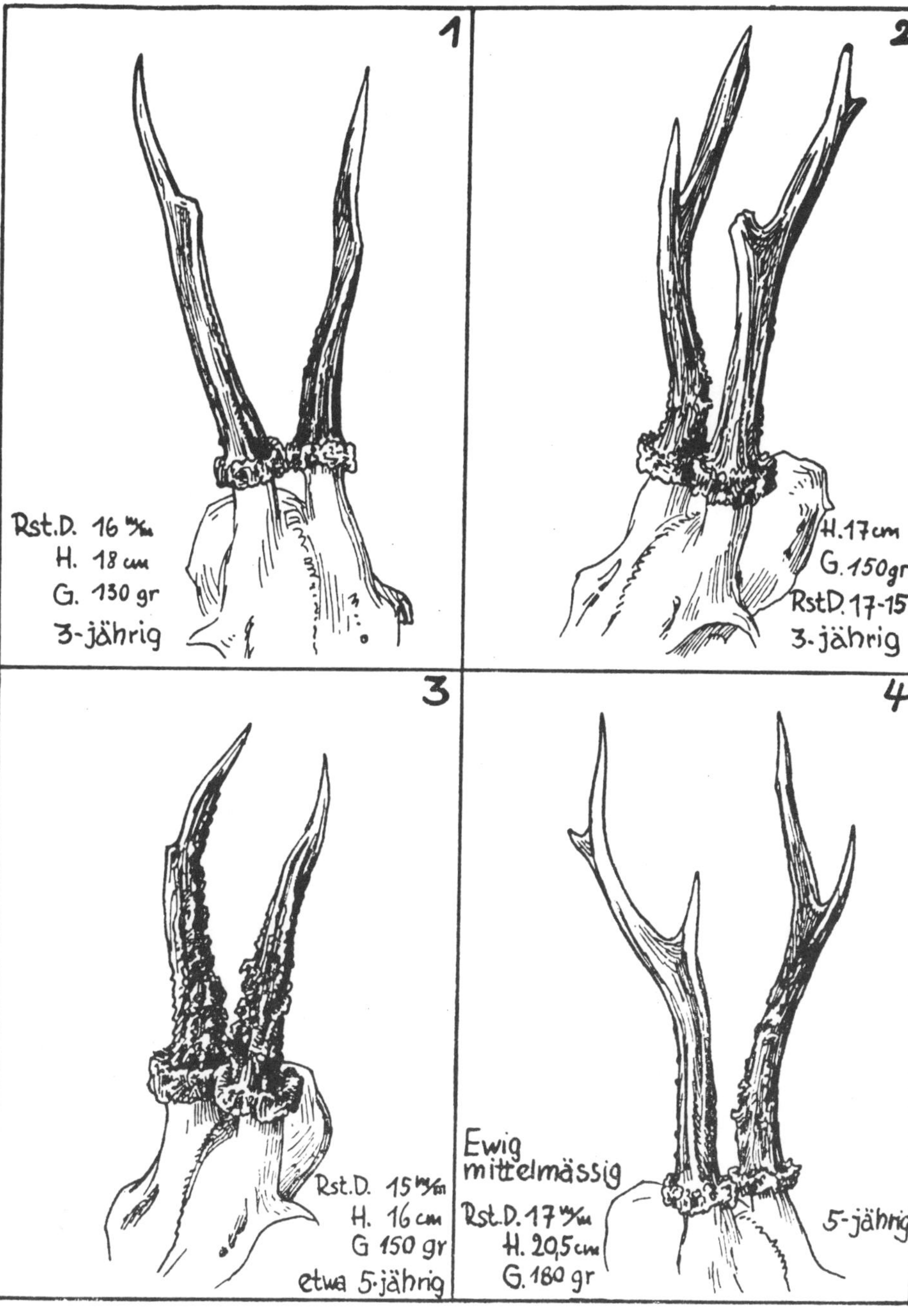

Im vierten und späteren Lebensjahr

Überalterte Böcke. Diese sind am Gehörn sehr schwer zu erkennen. Sie sind meist heimlich und nur selten zu beobachten. Der Kopf erscheint kantig.

Anhaltspunkte: Weitere Rückbildung der Enden, Schwächung der Stangenstärke oben, Verminderung der Perlung, Schwächung des Gehörnaufbaues im allgemeinen, häufig Dachrosen.

Träger eines ehemals besonders **starken** oder **wuchtigen Gehörns** zeigen **sehr kräftige, kurze Rosenstöcke.**

Überalterte Böcke

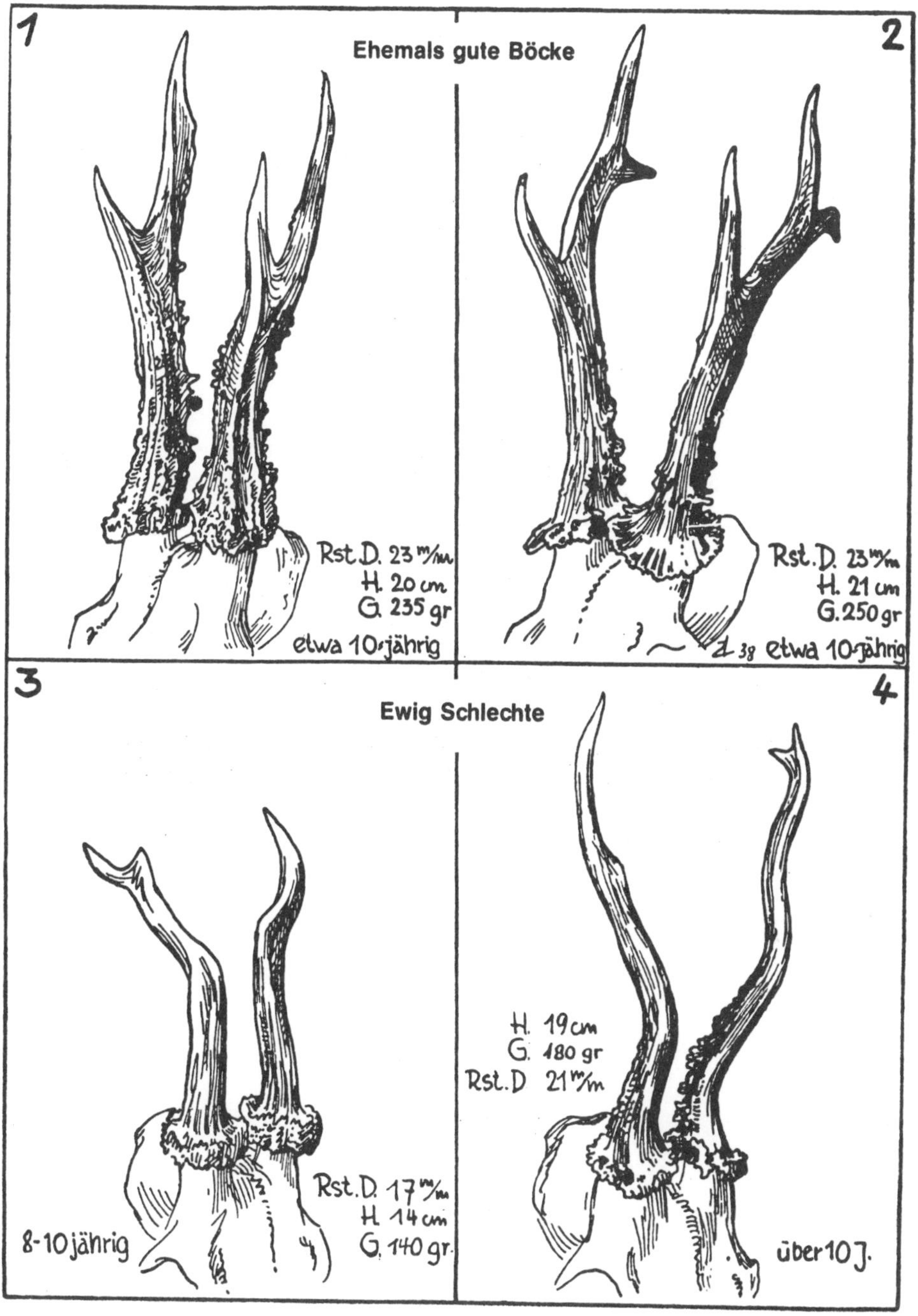

Einstangenböcke

Einstangigkeit hat verschiedene Ursachen:

1. Bruch einer Stange dicht über dem Rosenstock. Eine dadurch entstandene Keimsaumverletzung kann die Neubildung der Stange verhindern. Diese Böcke **können** geschossen werden, weil **kein regelmäßiges Gehörn** mehr zu erwarten ist.

2. **Bruch der Stange über den Rosen** bewirkt nur eine vorübergehende Erscheinung. Abschußgrund ist **nicht** vorhanden!

3. Einstangigkeit infolge **Fehlens** oder **verkümmerter Bildung** des einen Rosenstocks. **Diese Erscheinung ist angeboren und kann erblich sein. Solche Böcke sind u n b e d i n g t auszumerzen.**

Während 1 und 3 praktisch nicht zu unterscheiden sind, muß man bei günstigen Beobachtungsverhältnissen bei 2 den abgebrochenen Stangenteil ebensogut wie die Knöpfchen beim Knopfbock erkennen können.

Einstangenböcke

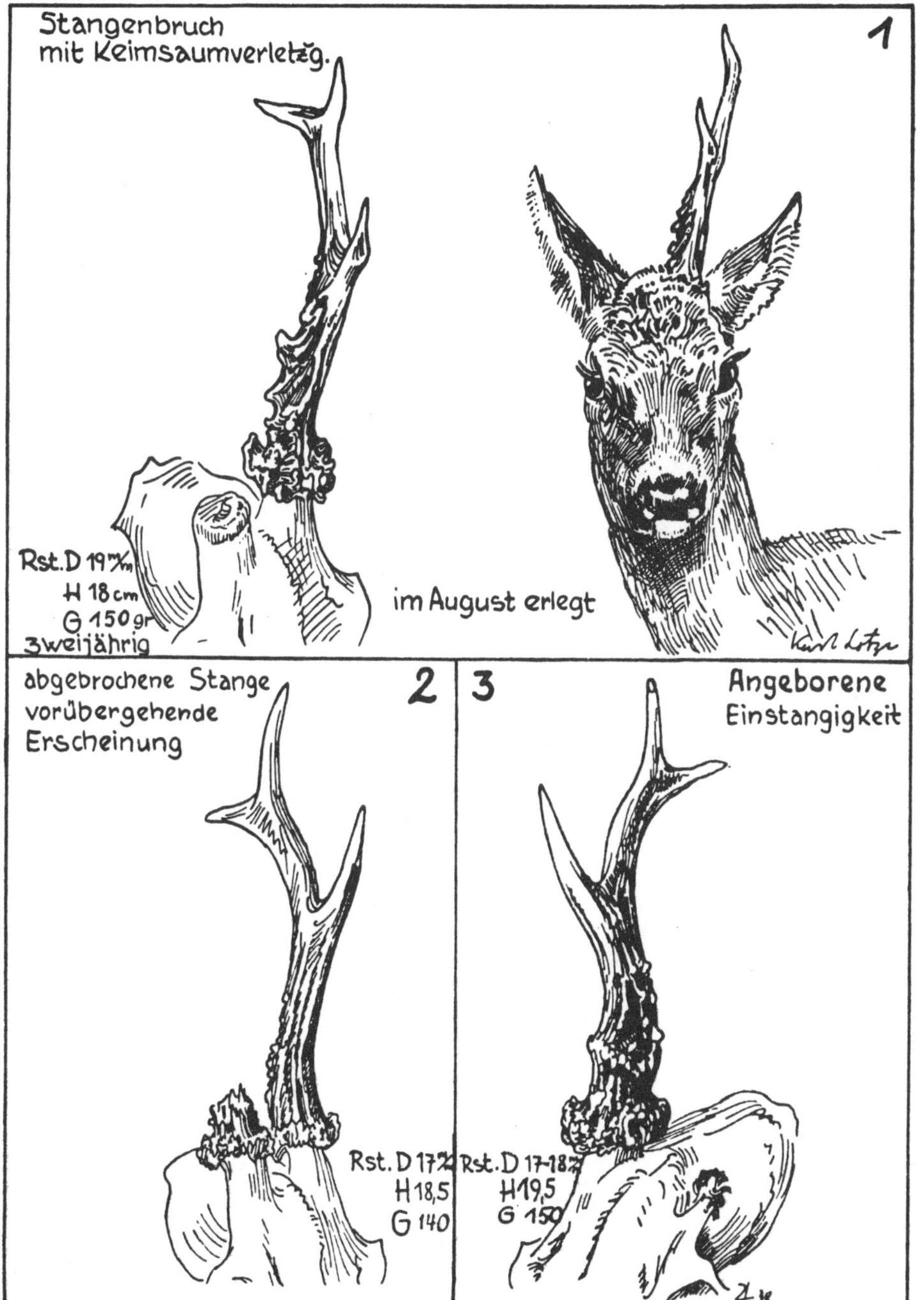

Unerwünschte Gehörnformen

1. **Korkenzieher-** und **Widdergehörne** sind **manchmal erblich,** meist jedoch die Folge von **Krankheitserscheinungen** (Lungen- und Darmwürmer). Sie sind **grundsätzlich zu schießen!**

2. und 3. **Stangenknick,** einseitig geschnürte Formen (wenn nicht durch Bastverletzung entstanden), sind meist erbliche Erscheinungen, mitunter **Folgen von Knochenverletzungen** (alten Schüssen). **Im Zweifelsfalle zu erlegen!**

4. **Endenlosigkeit,** gerade **lange Spieße.** Ihre Träger, sogenannte **„Mörder“,** sind **auszumerzen!** Sie schlagen oft mit ihren sehr guten Kampfwaffen andere gut veranlagte Böcke ab, werden leicht zu „notorischen Raufbolden“ und sind in der Lage, ihre unerwünschte Gehörnform in erhöhtem Maße zu vererben.

Wohl in **fast allen Revieren** tauchen diese Gehörnformen, die von der üblichen Kronenform abweichen, ab und an bei einzelnen Böcken auf. Der Heger hat die **Verpflichtung, solche Kümmerer, Artverderber** und **Krankheitsträger auszumerzen.**

Unerwünschte Gehörnformen

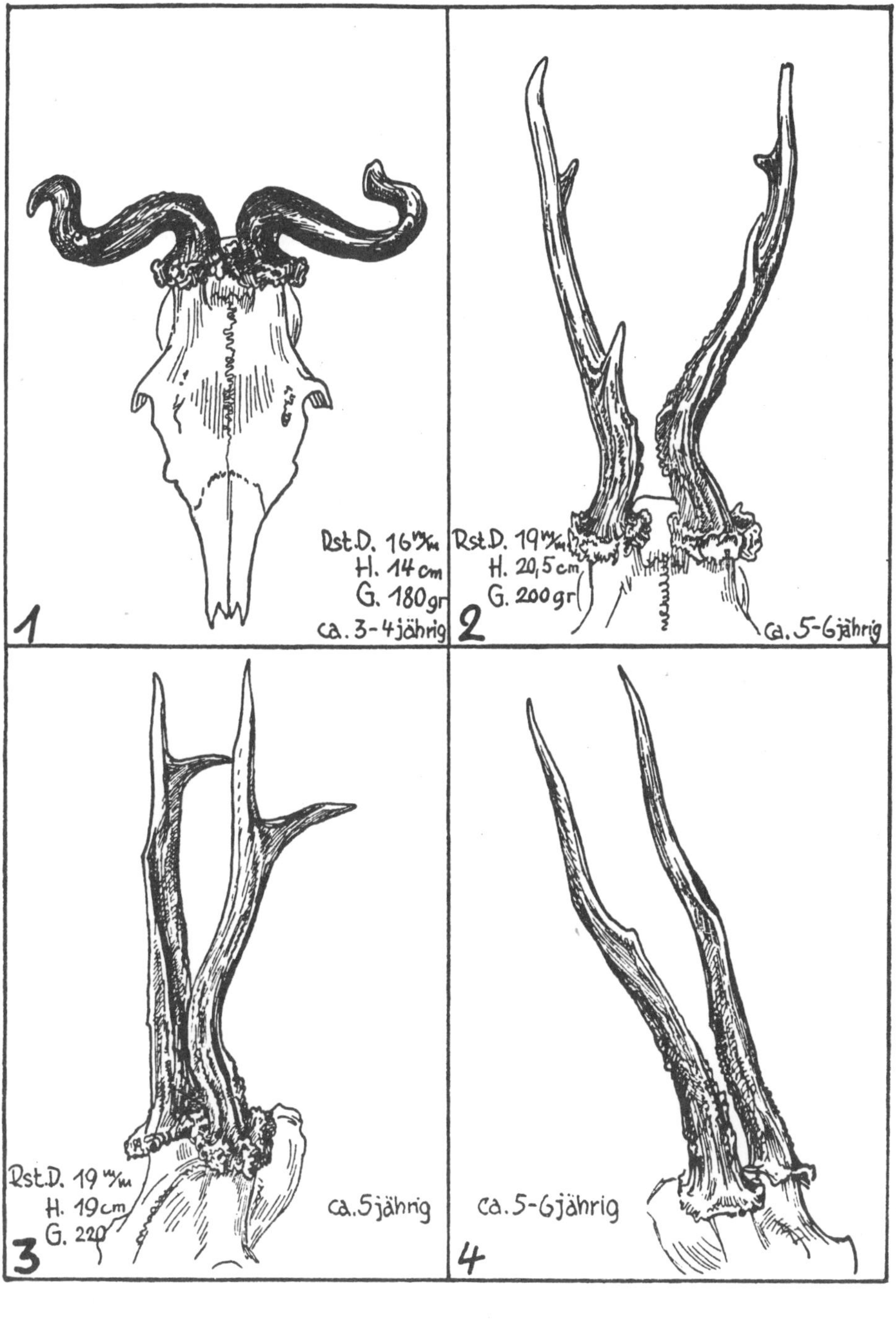

Morsche und poröse Gehörne

Auch Träger solcher Mißbildungen sind nicht zu dulden. Diese Gehörne treten häufig in Revieren periodisch auf. Die Ursachen sind noch nicht geklärt. Auf alle Fälle sind es Krankheitserscheiungen.

Stangenbruch und flammige Bildung der Enden sind bei dieser ungesunden Gehörnmasse **besonders häufig.** Man lasse sich nicht durch das Gehörnvolumen junger Böcke täuschen, auch wenn es größer ist als das gesunder Gehörne bei gleichaltrigen Böcken.

1. Abb.: Bruch der Stange und abgesplitterte Enden.

2. Abb.: Abgebröckelte, faserige, stumpfe Bildung der Enden. Absplitterung in 3 Monaten soweit fortgeschritten, daß das Gehörn um gut 2 cm kürzer geworden ist.

3. Abb.: Leichte Gehörnmasse, voluminös aufgetrieben, stumpf und glanzlos.

4. Abb.: Ein junger Bock mit dünnen Rosenstöcken. Gehörn aufgetrieben, porös, mit starker muschelartiger Perlung und Rosenbildung.

Unerwünschte Mißbildungen, morsche und poröse Gehörne (Moorböcke)

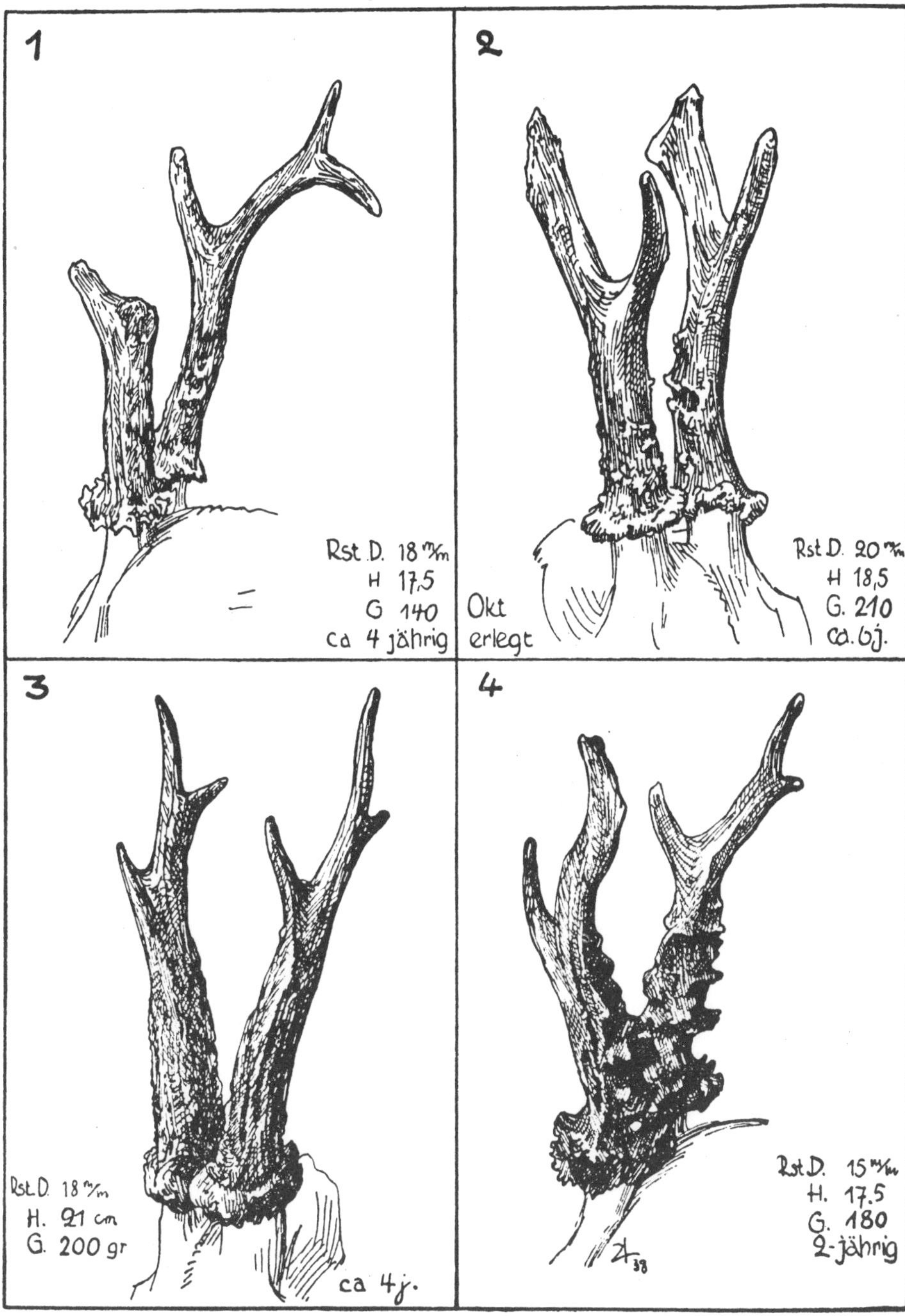

Frostgehörne

Ursache: **Erfrieren** des **Bastgehörns** in besonders strengem Winter bei ungewöhnlich hohen Kältegraden.

Der erfrorene Teil ist stumpf und porös, bricht und bröckelt leicht ab. Der untere Teil zeigt im Gegensatz zu den oben porösen Gehörnen (s. Tafel 20) gesunde und harte Gehörnmasse.

Frostgehörne sind eine vorübergehende Erscheinung.

Daher sind **diese Böcke** bei sonst guter Veranlagung zu **schonen!**

Frostgehörne als vorübergehende Wintererscheinung

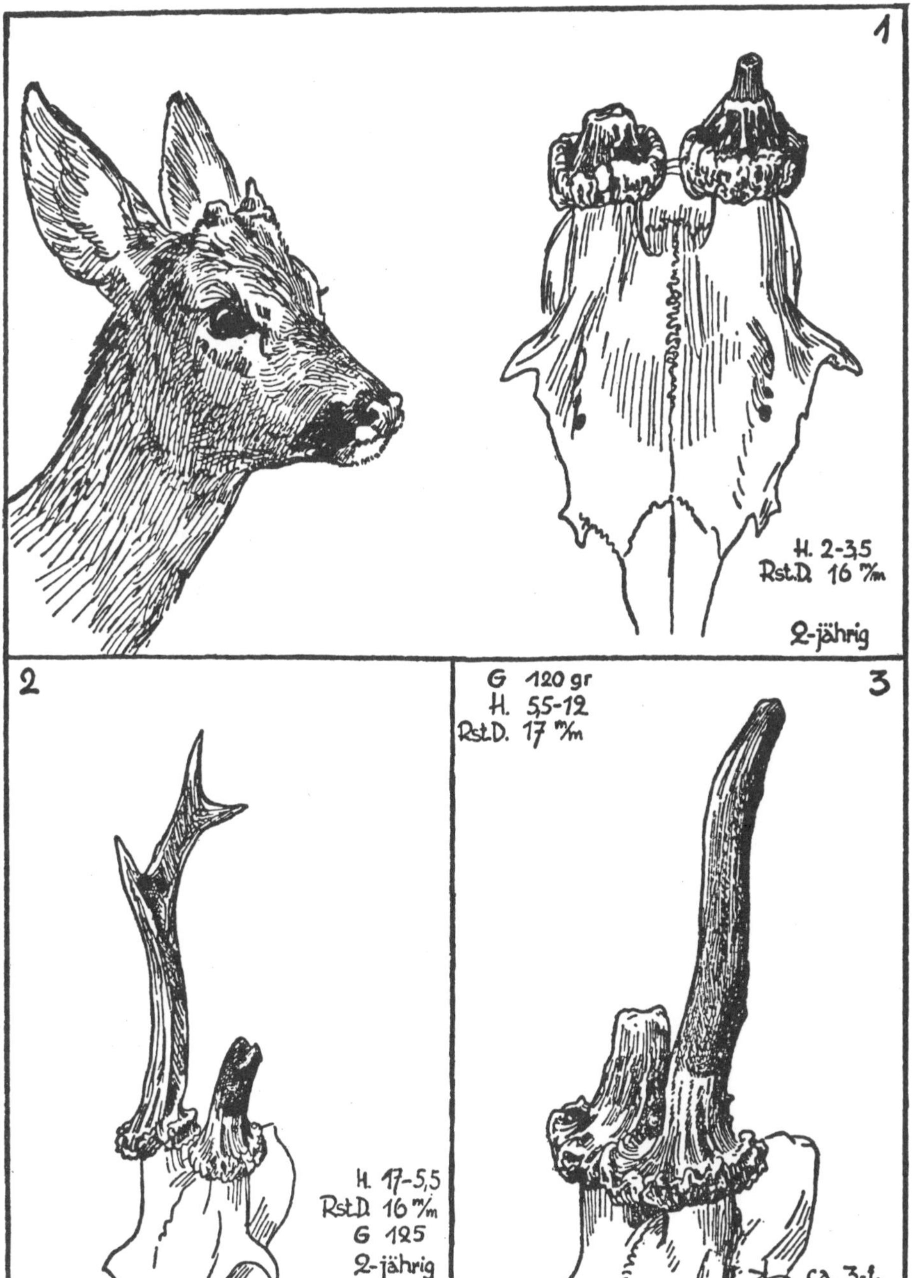

Bastverletzungen als vorübergehende Erscheinung

Unregelmäßige Gehörnformen infolge von **Verletzungen** während der **Bastzeit.**

1. Verletzung tritt sehr früh ein. Die Bastkolben sind erst wenige cm hoch. **Eine häufige Folgeerscheinung ist Stangenteilung.**

2. **Bei Stangenbruch** des Bastgehörns ist das **gebrochene Ende bestrebt,** bei weiterem Wachstum **sich wieder aufzurichten.**

   In beiden Fällen liegt **keine schlechte Veranlagung,** sondern **äußerer Einfluß** vor.

   Abschußberechtigung: nur bei besonders interessanten Gehörnbildungen.

3. **Pendelstange** ist eine **Folge** von **Rosenstockbrüchen.** Solche Böcke, da anderen unterlegen, sind **auszumerzen.** Als Schwächere stehen sie im Kampf um Äsung und Vererbung immer zurück.

Bastverletzungen als vorübergehende Erscheinung

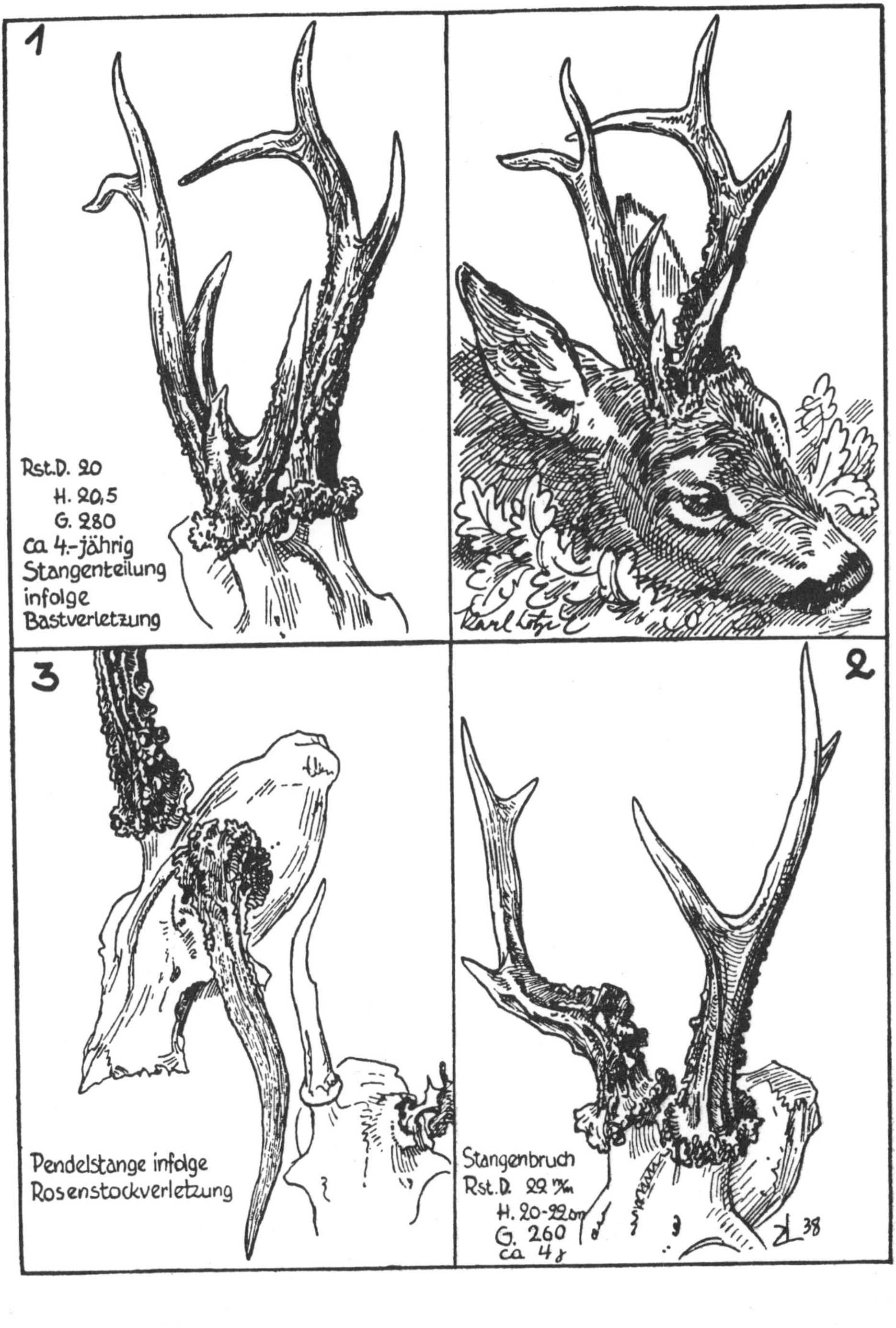

Vielendigkeit

ist eine Folge von Bastverletzung

oder eine luxierende Erscheinung bei günstigen Äsungs- und Witterungsverhältnissen während des Schiebens.

Daß letztere in bestimmten Gegenden vor allem in Süddeutschland häufiger auftreten, deutet darauf hin, daß eine erbliche Grundlage vorhanden sein dürfte.

Während die Vielendigkeit infolge Bastverletzung eine vorübergehende Erscheinung ist (s. Tafel 22. 1) kann sich die luxierende Vielendigkeit von Jahr zu Jahr bei dem gleichen Bock wiederholen. (Luxierende Vielendigkeit Tafel 14 1 u. 2 und Tafel 29, Tafel 30 Bayernbock und Tafel 36).

Ungerader 14-Ender aus Crailsheim-Württemberg

erlegt 1911 von **Freiherrn von Crailsheim**
im Revier Morstein—Dünsbach.

Ausgestellt Düsseldorf Internationale Jagdausstellung 1954 mit 138,6 Punkten bewertet und mit Goldmedaille ausgezeichnet.

Maße:

Stangenlänge: 24,2 — 24,6	=	12,20 Punkte
Gehörngewicht: 475 Gramm	=	47,50 Punkte
Gehörnvolumen: 218 ccm	=	65,40 Punkte
Auslage: 11,5 cm	=	4,00 Punkte
Farbe: (0—4)	=	2,00 Punkte
Perlung: (0—4)	=	2,00 Punkte
Rosen: (0—4) Gesamtumfang 24,5 cm	=	2,50 Punkte
Endenspitzen: (0—2)	=	1,00 Punkte
Fehlerabzüge: (0—5)	=	—— Punkte
Zuschläge: (0—5) für Form	=	+2,00 Punkte
		138,60 Punkte

Enden E_1 6,5 / 2,0 — 7,5
E_2 9,5 / 2,5 / 2,0 — 10,5 / 2,0 / 1,5
E_3 9,0 / 3,0 — 7,5 / 3,5

Rosendurchmesser (R.Dm) 8,1 cm (zusammen)
Rosenstockdurchmesser (Rst.Dm) 2,0 — 2,0.

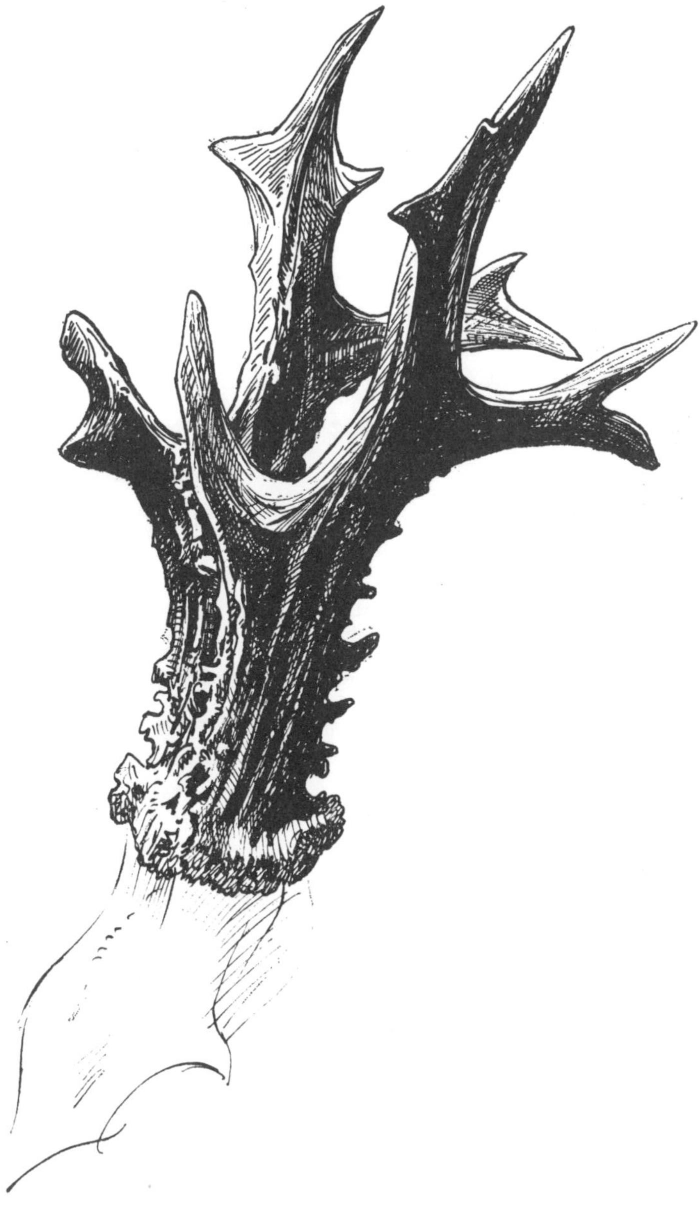

Das Wiedererkennen von Böcken von Jahr zu Jahr

nach dem Gehörn ist praktisch unmöglich (im Gegensatz zu den Hirschen).

Die **Gehörnform verändert** sich in der kurzen Zeit des Aufbaues vom 1. bis 3. Lebensjahr **sehr stark.** Ferner fällt der **Gehörnaufbau** des Bockes (im Gegensatz zum Hirsch) in die **Notzeit.** Diese bringt **Änderung** in der **Gehörnform** mit sich.

1. bis 3. Abb.: Änderung der Gehörnform bis zum 3. Jahre.

4. Abb.: Als Vierjähriger zurückgesetzt, trug der Bock im Gegensatz zu dem harten, glatten Gehörn der ersten 3 Jahre stumpfe, poröse, dunkle Stangen. Er machte einen gesunden Eindruck, war frei von Parasitenbefall. Es ist anzunehmen, daß der Bock während des Gehörnaufbaues eine Krankheit, die nicht mehr festzustellen war, durchgemacht hat.

Nur an ungewöhnlichen Merkmalen, wie Blesse (weißer Fleck) oder Laufverletzung **ist ein Bock einwandfrei wiederzuerkennen! Geschlitzte Lauscher** bilden **kein sicheres Erkennungs-Zeichen, da** diese jederzeit bei Kämpfen neu erworben werden können.

Zwecks genauerer Beobachtung kürze man — zu der Wildmarkenzeichnung — einen Lauscher (beim Kitz um ca. 2 cm). So gezeichnete Stücke erkennt man mühelos auf 100 und mehr Meter (s. Tafel 24, 1—4). **Ein unbeabsichtigter Abschuß wird dadurch verhindert.**

Tafel 24

Das Wiedererkennen eines bestimmten Bockes

Die Gehörnentwicklung

Die Gegenüberstellung der **gut** und **schlecht veranlagten** Böcke **in** den **einzelnen Altersklassen** ist **besonders lehrreich!**

Man präge sich die **unterschiedliche Entwicklung** der Gehörne, die nebenstehende Tafel klar aufzeigt, gut ein.

Der **Höhepunkt der Entwicklung** liegt **beim gut veranlagten** Bock **bei den Drei- bis Fünfjährigen.**

Man betrügt sich selbst, wenn man den Böcken ein höheres Alter geben will, als es auf Grund der Zahnalterskunde und der frühen Entwicklung des Bockes der Fall ist (im Gegensatz zum Hirsch, der seine beste Zeit erst nach dem 10. Lebensjahr hat). Bisher schätzte man das Alter des Bockes meist zu hoch.

Grundfalsch ist es, bei den ewig mittelmäßigen Böcken **zu warten, ob sie noch besser werden. Unentschlossenheit behindert jede zielbewußte Aufartung!**

Einen typischen Abschußbock anzusprechen ist keine große Kunst. Dagegen den **ewig Mittelmäßigen rechtzeitig auszumerzen, ist die Hauptaufgabe des Hegers!**

Die guten Jährlinge bilden **die Grundlage zum Aufbau des Rehbestandes!** Folglich sind **alle schlechten Jährlinge** und **Knopfböcke abzuschießen, auch dann, wenn** z. B. **von 10 Jährlingen nur 2 gut oder sehr gut veranlagte übrig bleiben sollten.**

Aufbauen mit Erfolg kann man nur mit dem besten Material!

Die Gehörnentwicklung

1	2	3	ca. 4	ca. 5jährig und älter

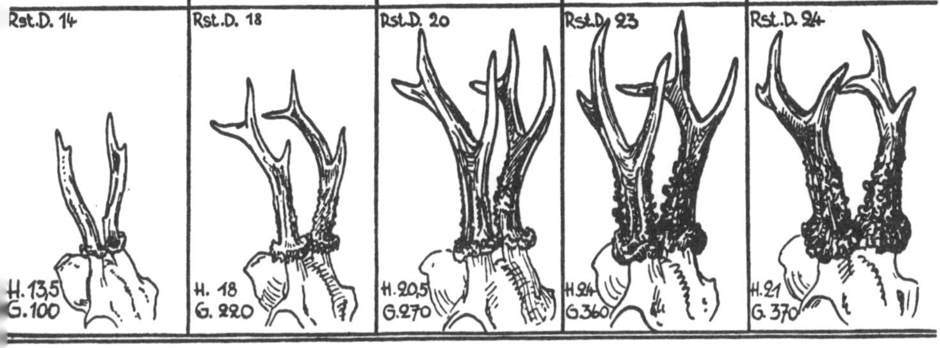

bei guter Veranlagung

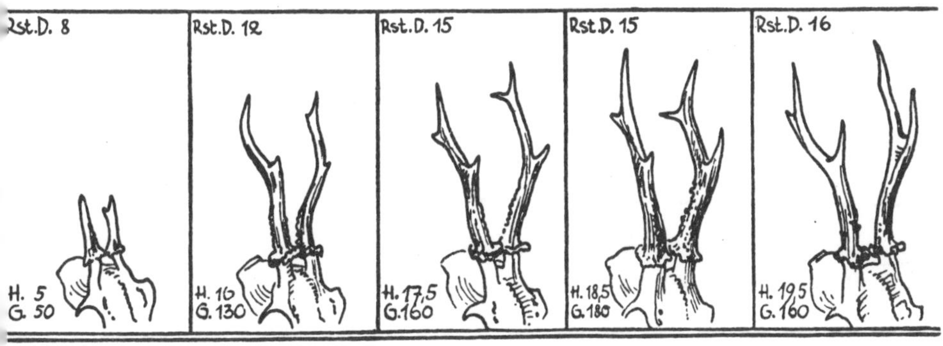

bei den ewig Mittelmäßigen

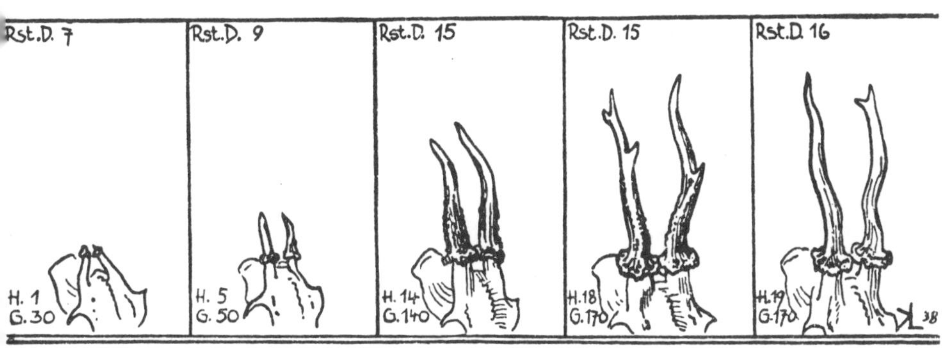

bei schlechter Veranlagung

Das Ansprechen nach dem Körper und Benehmen

Das **Alter** des lebenden Bockes **nach dem Gehörn allein zu bestimmen,** ist **meist nicht möglich.** Das **Gehörn** bietet dem Beobachter nur durch Form und Stärke einen **Anhaltspunkt, ob** es **erwünscht** oder **unerwünscht** ist.

Nicht das Gehörn, sondern die Figur und das Benehmen des Bockes sind für die Beurteilung seines Alters ausschlaggebend!

Der **Jährling** (1) hat einen meist schmalen Schädel mit runden Formen und kindlichem Gesichtsausdruck. Der Hals ist dünn und schlank. Der Rumpf wirkt kurz und gedrungen. Typisch für den Jährling ist sein spielerisches Benehmen. Sehr gut veranlagte Jährlinge können mit 14 Monaten bereits ein Wildpretgewicht (aufgebrochen) von 18 kg und mehr erreichen. Bei diesen sind die figürlichen Merkmale des Jährlings, vor allem der dünne Hals, weniger ausgeprägt.

Der junge Bock (2) (2- bis 3jährig) hat ausgeglichenere Formen und ovalen Schädel. Hals erscheint schon kürzer. Er ist bei guter Veranlagung und gesundem Körperzustand Anfang Juni durchweg vollkommen verfärbt, glatt und rot (s. Seite 28). Er wirft häufig auf. Besondere Unruhe zeigt er beim Äsen auf dem Einstand eines Stärkeren. Trotz seines vielleicht guten Gehörns geht er dem älteren Bock mit schlechterem Gehörn aus dem Wege und wagt nur spielerische Angriffe. Schreckt oft bei verdächtigen Erscheinungen. Er zieht häufig im Stechschritt.

Der starke, reife Bock (3) (4jährig und älter) hat bei guter Veranlagung den starken gedrungenen Hals, breite Stirn und starken Körper. Anfang Juni ist er trotz guten Gesundheitszustandes noch nicht völlig verfärbt, zum mindesten ist der Hals noch grau. Besonders kennzeichnend ist bei starkem Kopfschmuck die wiegende ausgeglichene Bewegung beim Ziehen und das rhythmische Nicken des tief getragenen Hauptes. Er duldet keinen anderen starken Bock in seinem Einstand und ist äußerst angriffslustig, besonders

1
2
2
2 (3 jährig)
3

gegenüber den 2- bis 3jährigen Böcken. Argwöhnisch beim Äsen, erkennt er blitzschnell jede Gefahr und springt schnell und meist ohne zu verhoffen ab. Seine volle Kraft äußert sich auch im starken und häufigen Plätzen, besonders in seinem Eigenstand.

Der überalterte Bock hat meist noch die Figur des starken Bockes in seinen besten Jahren, doch kann er auch das Aussehen eines Jährlings oder 2- bis 3jährigen Bockes haben. Infolge langjähriger Erfahrung ist der überalterte Bock äußerst heimlich und fast immer Einzelgänger. Er sichert sehr lange, ehe er austritt, und ist träge im Fegen und Plätzen.

Das Schmalreh (4) gleicht in seinem Benehmen dem des einjährigen Bockes. Die Figur des Schmalrehes ist feingliedrig, schlank und gestreckt. Im Juni ist es bei gutem Gesundheitszustand völlig verfärbt und rot. Tritt meist als erstes Stück vom Sprung aus, ist fast immer in Bewegung und sehr lebhaft und neugierig.

Die Ricke (5) ist vollschlank, in der Figur ausgeglichener, runder, im Juni, vor allem wenn sie Kitze führt, noch grau und ruppig. Der Kopf der Ricke wirkt breiter neben dem schmalen, langen Kopf des Schmalrehes. Im Benehmen ruhig, aber doch mißtrauisch. Nicht heimlich. Steht oft und lange draußen. Sichert oft, ohne sich aber durch jede Begebenheit vergrämen zu lassen. Hält Menschen und Fuhrwerke gut aus.

Die überalterte Ricke wirkt mager und eckig bei meist ruppiger Decke. Der Hals ist lang und dünn, die Stirn breit. Sie ist sehr heimlich und mißtrauisch, läßt sich leicht vergrämen.

4

5

Die drei Grundformen des Gehörns

I. Runde, oben offene Form

= Korbform,

II. Gerade Stangen, häufig enggestellt

= V-Form,

III. Gebogene Stangen, oben zusammengehend

= Herzform.

Die drei Grundformen kommen in allen Revieren vor, und zwar als reine Formen wie auch als Zwischenformen. Dabei ist es möglich, daß die Gehörnform des gleichen Bockes sich von Jahr zu Jahr ändert, besonders in der Jugend. Die Form des Jährlingsgehörns läßt in den seltensten Fällen einen sicheren Schluß auf die spätere Gehörnform zu.

Gehörnformen

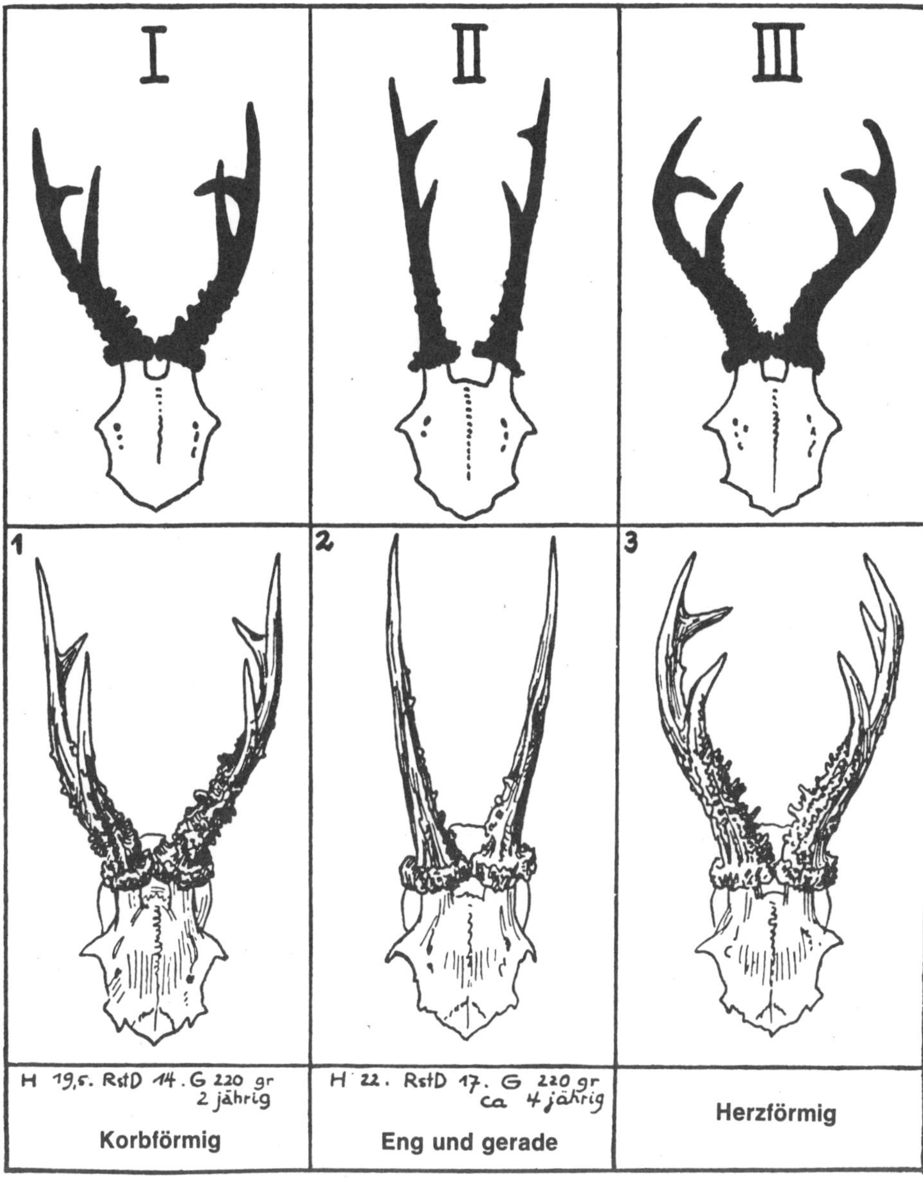

H 19,5. RstD 14. G 220 gr 2 jährig **Korbförmig**	H 22. RstD 17. G 220 gr ca 4 jährig **Eng und gerade**	**Herzförmig**

Einzelstangen aus einem Revier

Einzelstangen von Böcken aus **einem** bestimmten Revier zeigen, daß auch Abwurfstangen einen Schluß auf Güte und Veranlagung zulassen. Sie sind für den Revierinhaber immer wertvoll, denn sie zeigen, was im Revier noch an Böcken vorhanden ist, und ein Vergleich der Abwurfstange mit dem Gehörn des beobachteten Bockes gibt einen recht guten Anhaltspunkt zur Übung im Ansprechen.

Dagegen ist es aussichtslos, auf Grund der Abwürfe einen bestimmten Bock im nächsten Jahr draußen wiedererkennen zu wollen. Denn in seinem Einstand kann **im nächsten Jahr ein ganz anderer Bock** stehen mit **ähnlicher Gehörnform.**

1 und 2 sind Abwurfstangen von typisch jungen, zweijährigen Böcken, die gute Veranlagung zeigen.

3 zeigt die Stange eines vierjährigen, ewig mittelmäßigen Bockes desselben Reviers,

4 die Stange eines in demselben Revier erlegten Kapitalbockes (s. auch Tafel 14, 1 + 2). Die Verwandtschaft mit Stange 2 ist deutlich erkennbar.

Einzelstangen aus e i n e m Revier

1

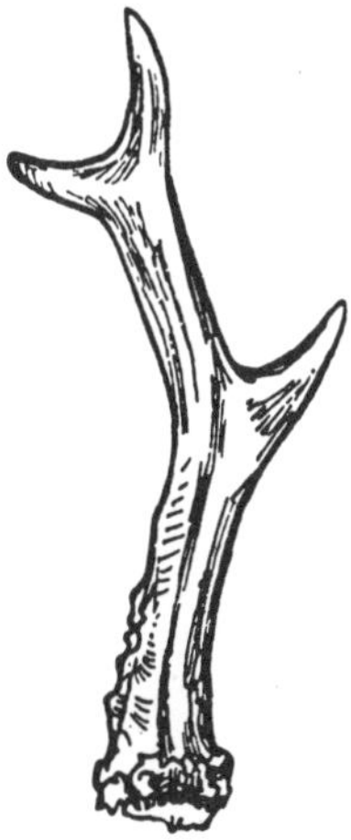

H. 18,5
G. 70gr.

2

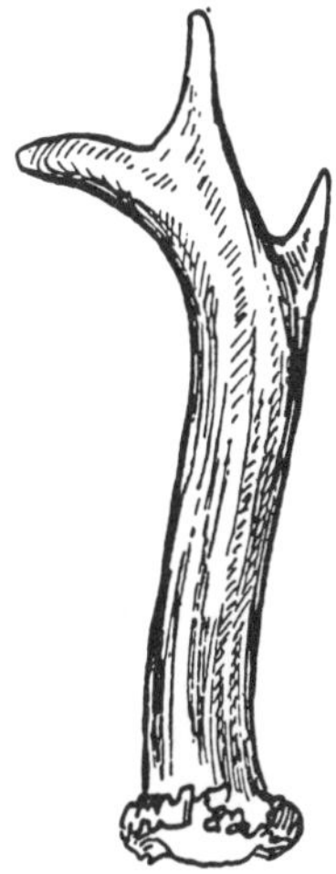

H. 18,5
G. 90gn

3

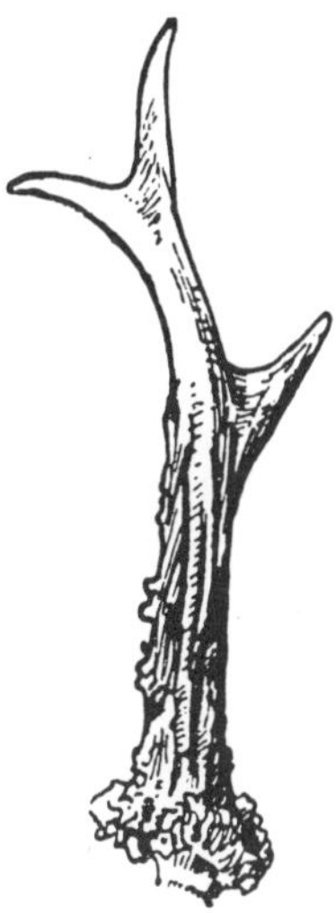

H. 10
G 70gr.

4

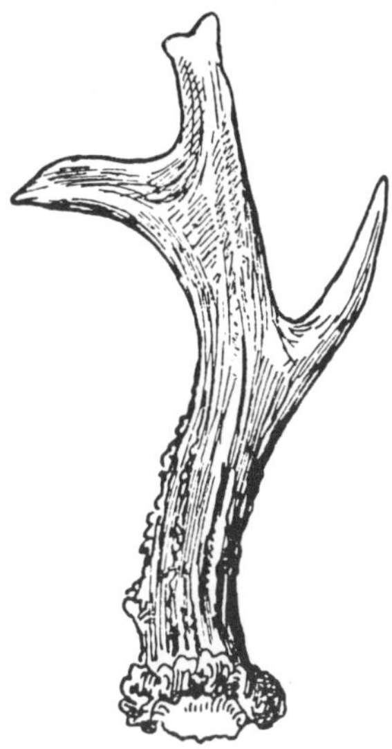

H. 21

Aus Rheinland-Pfalz

erlegt **1916** im Revier **Ochtendung**, Kreis Mayen, Bez. Koblenz
von **Carl Löhr**, Koblenz

160,85 Punkte

Stangenlängen: 26,0 — 24,3 cm	= 12,65 Punkte
Gehörngewicht: 568 Gramm	= 56,80 Punkte
Gehörnvolumen: 248 ccm	= 74,40 Punkte
Auslage: 11,4 cm	= 4,00 Punkte
Farbe:	= 2,00 Punkte
Perlung:	= 3,00 Punkte
Rosen: — 27,3 cm Gesamtumfang —	= 4,00 Punkte
Endenspitzen:	= 2,00 Punkte
Zuschläge für Form und Enden	= +2,00 Punkte
	160,85 Punkte

Sehnen-Höhe	25,5 — 24,0 cm
Vorder-Enden	7,0 — 8,0 cm
Ober-Enden	8,0 — 6,0 cm
Hinter-Enden	7,0 — 5,5 cm
Achter-Enden	2,0 — 5,5 cm
Rosenstock-Durchmesser . . .	2,7 — 2,7 cm
Rosendurchmesser zusammen . .	10,1 cm

Auf der Internationalen Jagdausstellung Berlin 1937

Silberner Schild, da über 150 Punkte und Goldmedaille — viertbeste Rehkrone aus Deutschland.

Auf der Inernationalen Jagdausstellung Düsseldorf 1954

Goldmedaille und als bestes Gehörn des Landes: Silberner Schild.

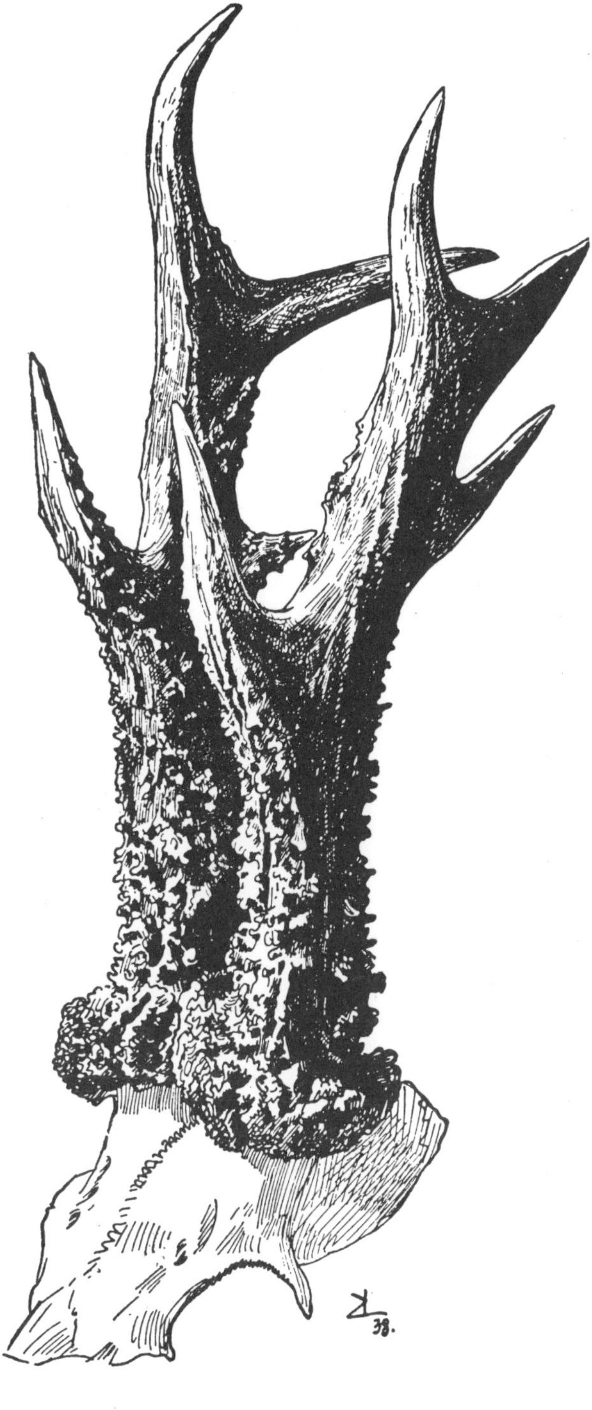

Aus Bayern

erlegt 1951
im Revier **Asbach-Rottal,** Kreis Griesbach, Nieder-Bayern
von Karl **Hasibeder**, Rottalmünster

148,40 Punkte

Stangenlängen: 20,0 — 20,0 cm	=	10,00 Punkte
Gehörngewicht: 606 Gramm	=	60,60 Punkte
Gehörnvolumen: 241 ccm	=	72,30 Punkte
Auslage: 14,4 cm	=	4,00 Punkte
Farbe:	=	1,50 Punkte
Perlung:	=	0,50 Punkte
Rosen: — 28,6 — 1,2 cm Umfang	=	0,50 Punkte
Endenspitzen:	=	0,50 Punkte
Fehlerabzüge für Form:	=	—1,00 Punkte
		148,40 Punkte

Sehnen-Höhe 19,5 — 20,0 cm

Enden-rechts 3,5 — 5,5 — 6,0 — 3,5 — 1,0 — 2,0

Enden-links 8,0 — 6,0 — 7,5 — 0,5 — 5,0 cm

Rosenstock-Durchmesser 4,0 — 4,1 cm

Auf der Internationalen Jagdausstellung Düsseldorf 1954 beste Rehkrone aus Bayern

Goldmedaille

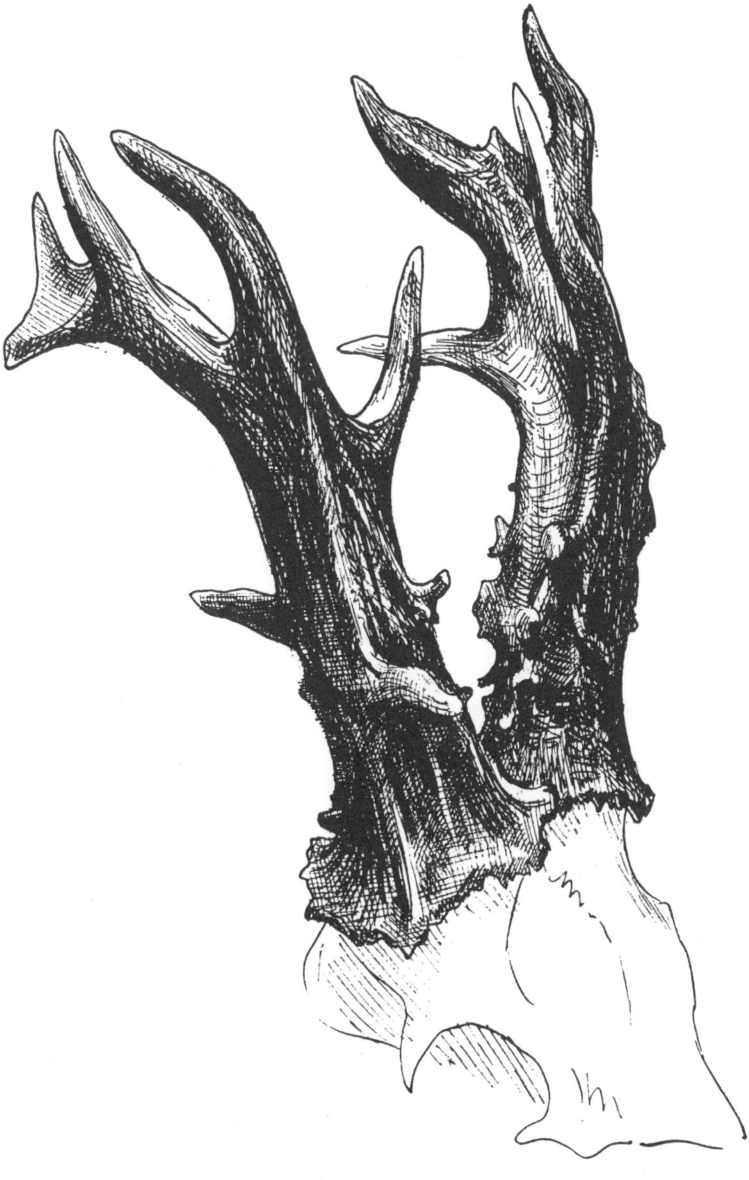

Aus Württemberg-Baden

erlegt am 6. August 1906
im Revier **Aulfingen**, Kreis Donaueschingen
von Max Egon Fürst zu Fürstenberg

146,75 Punkte

Stangenlängen: 27,9 — 27,5 cm	=	13,85 Punkte
Gehörngewicht: 536 Gramm	=	53,60 Punkte
Gehörnvolumen: 221 ccm	=	66,30 Punkte
Auslage: 16 cm	=	4,00 Punkte
Farbe:	=	2,50 Punkte
Perlung:	=	2,50 Punkte
Rosen: — 26,0 cm Umfang —	=	2,50 Punkte
Endenspitzen:	=	1,00 Punkte
Fehlerabzüge für Form	=	—0,50 Punkte
Zuschläge für Vereckung	=	+1,00 Punkte
		146,75 Punkte

Sehnen-Höhe	24,0 — 25,0 cm
Vorder-Enden	12,0 — 11,5 cm
Ober-Enden	9,5 — 8,5 cm
Hinter-Enden	7,0 — 5,0 cm
Rosendurchmesser zusammen . . .	9,8 cm

Auf der Internationalen Jagdausstellung Düsseldorf 1954

Goldmedaille

Aus Hessen

erlegt am 1. August 1961 im Revier **Niederwalluf**/Rheingaukreis

von Walter H a r r a s in Niederwalluf

144,45 Punkte

Stangenlänge: 21,2—21,5 cm	=	10,85 Punkte
Gehörngewicht: 496 Gramm	=	49,60 Punkte
Gehörnvolumen: 230 ccm.	=	69,00 Punkte
Auslage: 12,0 cm	=	4,00 Punkte
Farbe:	=	4,00 Punkte
Perlung:	=	4,00 Punkte
Rosen: — Gesamtumfang 27,3 cm —	=	3,00 Punkte
Endenspitzen: stumpf	=	0,00 Punkte
Zuschläge — Abzüge + — 0,0	=	— —
		144,45 Punkte

Sehnenhöhe	20,8 — 20,5 cm
Vorderenden	4,5 — 4,5 cm
Oberenden	6,0 — 5,8 cm
Hinterenden	4,0 — 4,3 cm

Rosendurchmesser von vorne gesehen 9,9 cm

Alter nach Zahnabnutzung 3—4j.

Ausgestellt auf der Deutschen Jagdausstellung

M ü n c h e n 1963

Dort drittbestes Rehgehörn der Ausstellung

und bestes Rehgehörn aus Hessen

G o l d m e d a i l l e

auch in internationalem Wettbewerb.

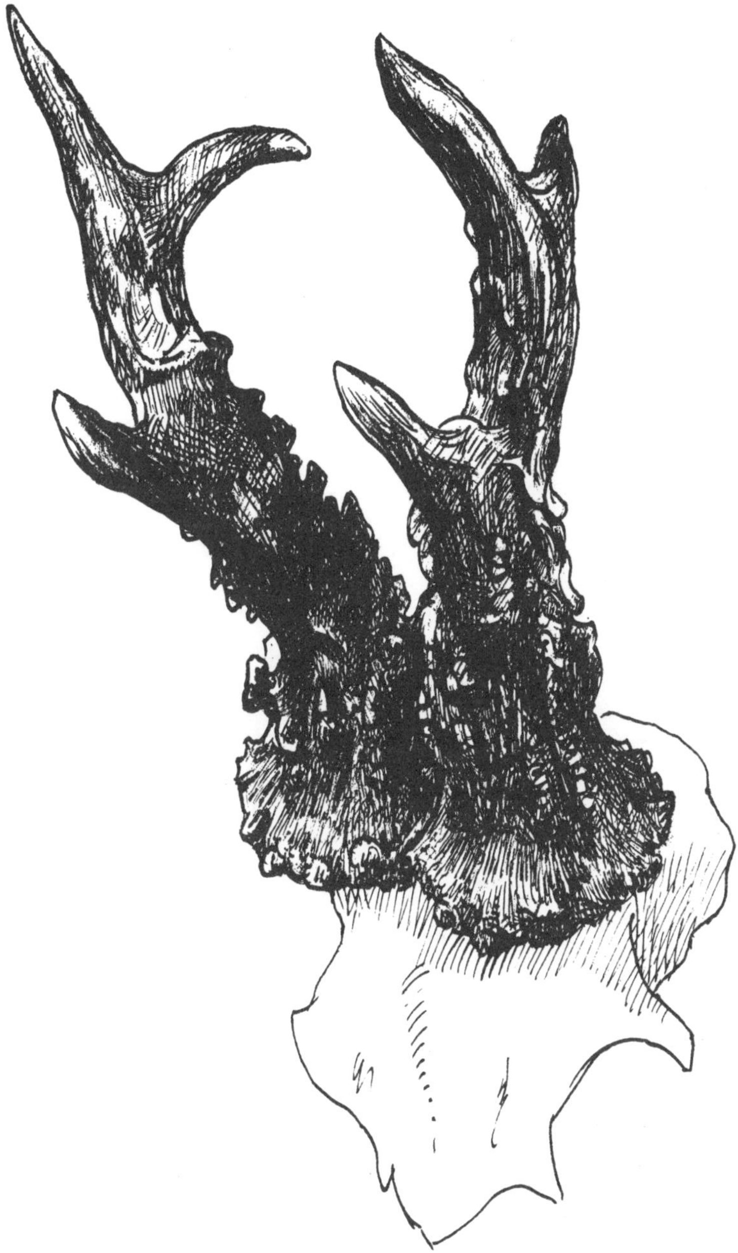

Aus Nordrhein-Westfalen

erlegt am 21. August 1954
im Revier **Werne-Zuschlag**, Reg.-Bez. Lippe
von Direktor Max Herbrechter, Dortmund

136,40 Punkte

Stangenlänge: 21,9 — 22,5 cm	=	11,10 Punkte
Gehörngewicht: 480 Gramm	=	48,00 Punkte
Gehörnvolumen: 231 ccm	=	69,30 Punkte
Auslage: 7,9 cm	=	2,00 Punkte
Farbe:	=	3,00 Punkte
Perlung:	=	1,00 Punkte
Rosen: — 31,0 cm Umfang —	=	4,00 Punkte
Endenspitzen:	=	0,00 Punkte
Abzüge für Form	=	2,00 Punkte
		136,40 Punkte

Sehnen-Höhe	21,8 — 20,5 cm
Vorder-Enden	10,0 — 11,5 cm
Ober-Enden	5,5 — 5,5 cm
Hinter-Enden	3,5 — 3,0 cm
Rosenstockdurchmesser	3,0 — 3,1 cm

Auf der Internationalen Jagdausstellung Düsseldorf 1954

Goldmedaille

Aus Niedersachsen

erlegt am 6. Oktober 1944
im Revier **Wülfingen**, Kreis Springe-Hannover
von Walter Heuer, Wülfingen, Post Elze

138,55 Punkte

Stangenlänge: 23,2 — 23,4 cm	=	11,65 Punkte
Gehörngewicht: 473 Gramm	=	47,30 Punkte
Gehörnvolumen: 227 ccm	=	68,10 Punkte
Auslage: 9,5 cm	=	3,00 Punkte
Farbe:	=	2,00 Punkte
Perlung:	=	1,00 Punkte
Rosen: — 23,8 cm Umfang —	=	3,00 Punkte
Endenspitzen:	=	1,50 Punkte
Zuschlag für Vereckung	=	+1,00 Punkte
		138,55 Punkte

Sehnen-Höhe	22,0 — 23,0 cm
Vorder-Enden	8,0 — 10,0 cm
Ober-Enden	8,0 — 9,0 cm
Hinter-Enden	7,0 — 6,0 cm
Rosenstock-Durchmesser	2,6 — 2,5 cm

Auf der Internationalen Jagdausstellung Düsseldorf 1954

Goldmedaille

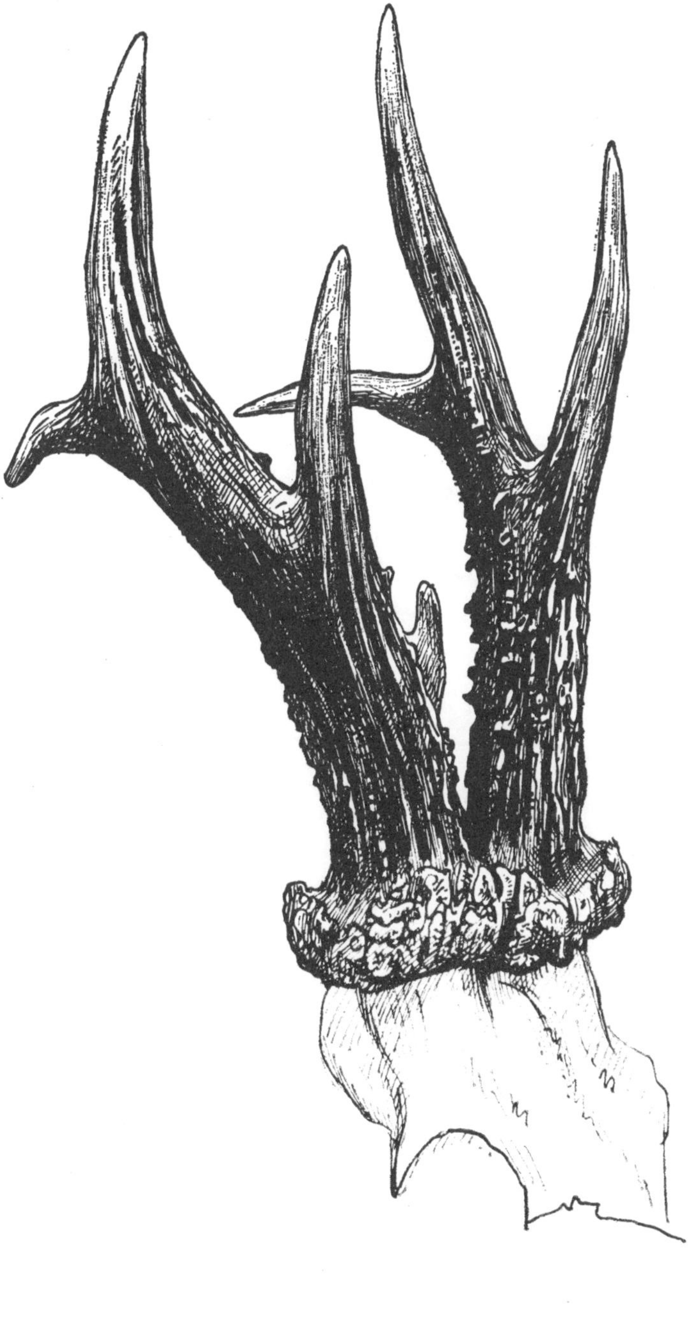

Aus Schleswig-Holstein

erlegt 1933 im Revier **Mönkebüll**, Kreis Husum

von C. M. Nissen, in Mönkebüll

121,00 Punkte

Stangenlänge: 25,0 — 25,0 cm	= 12,50 Punkte
Gehörngewicht: 407 Gramm	= 40,70 Punkte
Gehörnvolumen: 191 cm	= 57,30 Punkte
Auslage: 8,8 cm	= 2,00 Punkte
Farbe:	= 3,00 Punkte
Perlung:	= 2,50 Punkte
Rosen: — 27,0 cm Umfang —	= 3,50 Punkte
Endenspitzen:	= 0,50 Punkte
Fehlerabzüge: Vereckung — Form	= —1,00 Punkte
	121,00 Punkte

Sehnen-Höhe	24,0 — 23,0 cm
Vorder-Enden	4,0 — 3,0 cm
Ober-Enden	6,5 — 5,0 cm
Hinter-Enden	5,0 — 4,0 cm
Rosenstock-Durchmesser . . .	2,2 — 2,2 cm

Auf der Internationalen Jagdausstellung Düsseldorf 1954 bestes Gehörn aus Schleswig-Holstein

Silbermedaille

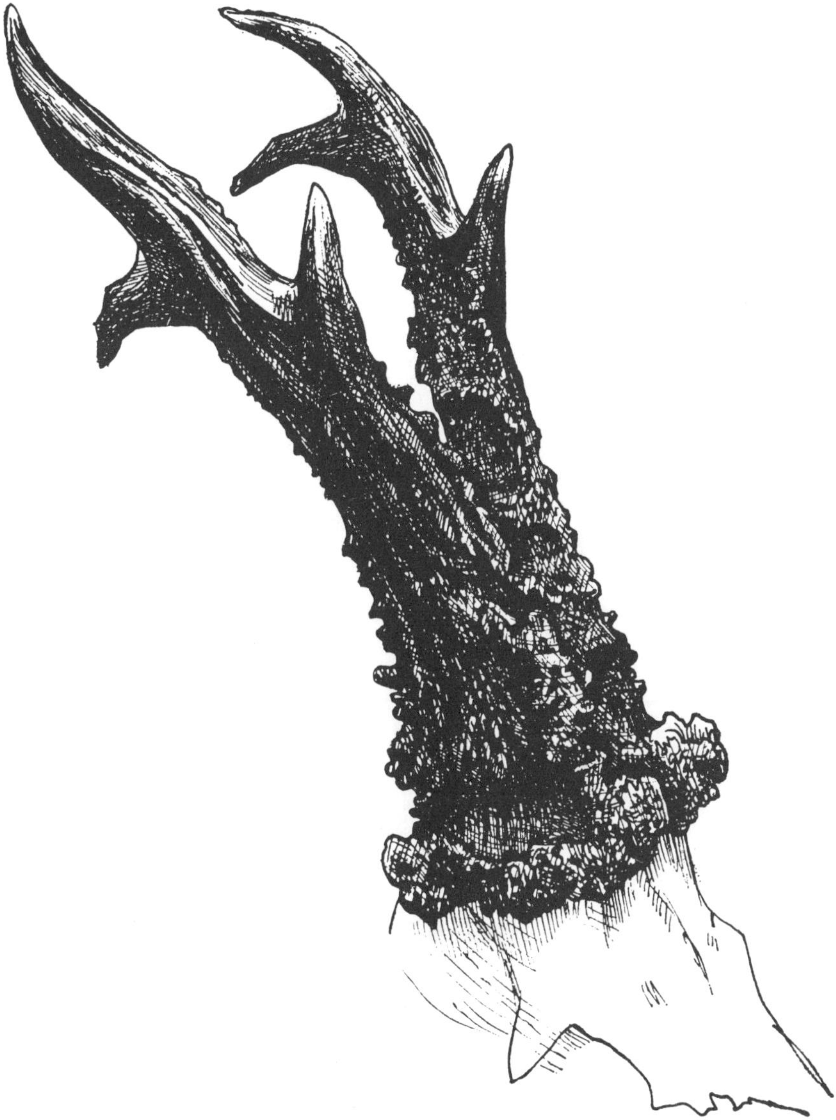

Aus Mecklenburg

erlegt 1888 im Revier **Weitendorf**

von von Viereck

154,70 Punkte

Stangenlängen: 24,7 — 24,0 cm	=	12,20 Punkte
Gehörngewicht: 510 Gramm	=	51,00 Punkte
Gehörnvolumen: 255 ccm	=	76,50 Punkte
Auslage: 15 cm	=	4,00 Punkte
Farbe:	=	3,50 Punkte
Perlung:	=	3,00 Punkte
Rosen: — 28,4 cm Umfang —	=	3,50 Punkte
Endenspitzen:	=	2,00 Punkte
Fehlerabzüge: Form	=	—1,00 Punkte
		154,70 Punkte

Sehnen-Höhe	24,0 — 23,8 cm
Vorder-Enden	8,0 — 6,5 cm
Ober-Enden	6,5 — 6,0 cm
Hinter-Enden	4,5 — 4,0 cm
Enden-Zahl	3 — 6

Auf der Internationalen Jagdausstellung Berlin 1937 9. Schild für Rehkronen vor 1900 erlegt und

Goldmedaille internationaler Prämiierung.

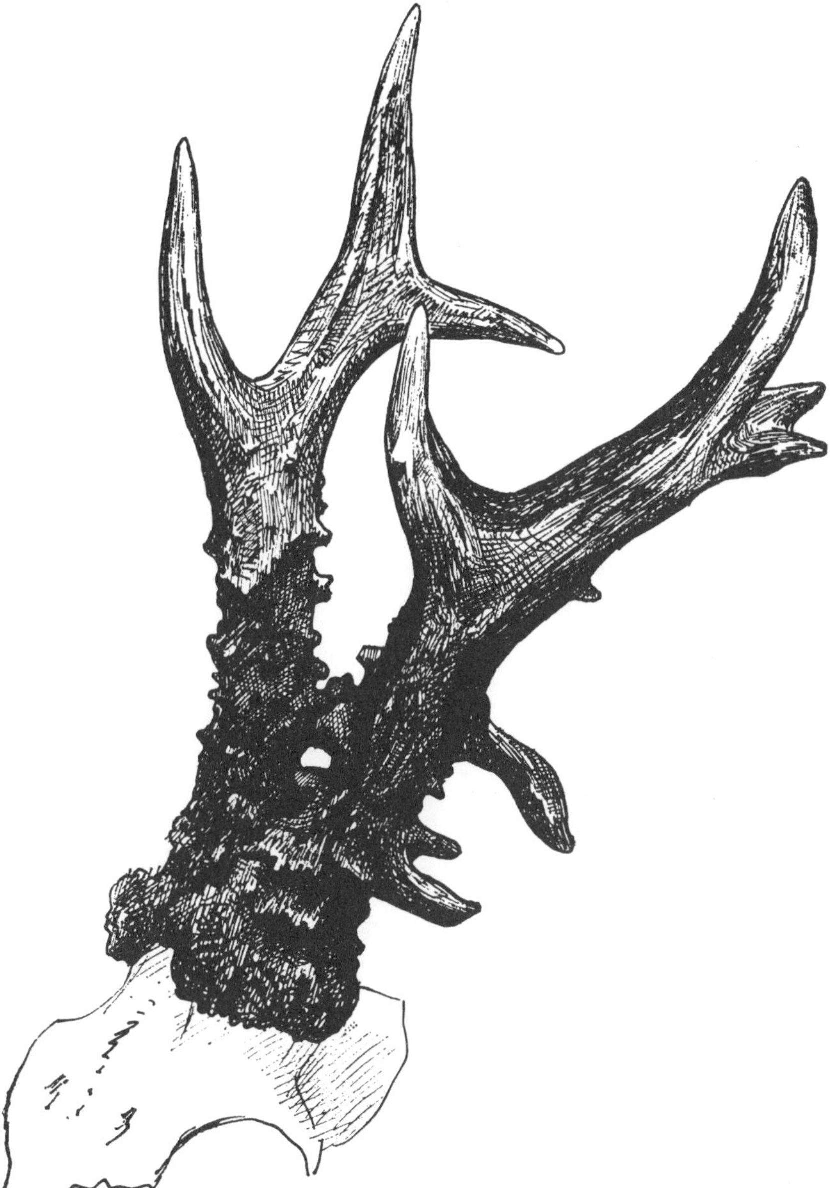

Aus Brandenburg

erlegt 9. Juni 1931 im Revier **Morrn**, Kreis Landsberg

von Otto Hoehne, Bonn

151,35 Punkte

Stangenlängen: 26,3 — 26,7 cm	= 13,25 Punkte
Gehörngewicht: 490 Gramm	= 49,00 Punkte
Gehörnvolumen: 262 ccm	= 78,60 Punkte
Auslage: 8,4 cm	= 1,00 Punkte
Farbe:	= 2,00 Punkte
Perlung:	= 2,50 Punkte
Rosen: — 27,0 cm Umfang —	= 3,50 Punkte
Endenspitzen:	= 2,00 Punkte
Fehlerabzüge für Form:	= —1,00 Punkte
Zuschläge für Vereckung	= +1,00 Punkte
	151,35 Punkte

Sehnen-Höhe	29,0 — 26,5 cm
Vorder-Enden	8,0 — 8,5 cm
Ober-Enden	8,5 — 8,0 cm
Hinter-Enden	7,0 — 6,5 cm
Rosendurchmesser zusammen	9,2 cm

Auf der Internationalen Jagdausstellung Düsseldorf 1954 bestes Gehörn aus der Provinz Brandenburg

Goldmedaille

Auf der Internationalen Jagdausstellung Berlin 1937 mit 149,3 Punkten ebenfalls

Goldmedaille

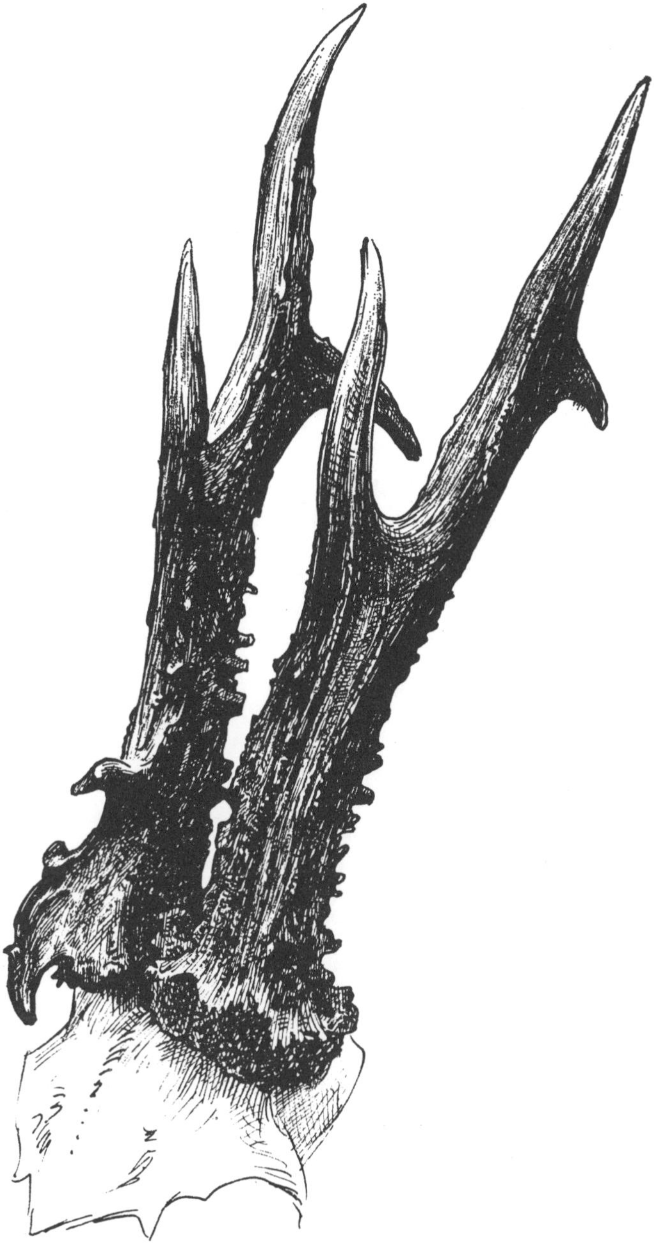

Aus Pommern

erlegt 1939 im Revier **Wagerin**

von J. B. von Dewitz

145,65 Punkte

Stangenlängen: 23,8 — 25,6 cm	=	12,55 Punkte
Gehörngewicht: 461 Gramm	=	46,10 Punkte
Gehörnvolumen: 264 ccm	=	79,20 Punkte
Auslage: 9,3 cm	=	2,00 Punkte
Farbe:	=	3,00 Punkte
Perlung:	=	3,50 Punkte
Rosen: — 27,0 cm Umfang —	=	2,50 Punkte
Endenspitzen:	=	0,00 Punkte
Fehlerabzüge für Form und Vereckung	=	—3,00 Punkte
		145,65 Punkte

Sehnen-Höhe	24,5 — 25,5 cm
Vorder-Enden	7,5 — 4,5 cm
Ober-Enden	3,5 — 4,0 cm
Hinter-Enden	2,0 — 1,0 cm
Rosenstockdurchmesser	2,5 — 2,5 cm

Auf der Internationalen Jagdausstellung Düsseldorf 1954

Goldmedaille

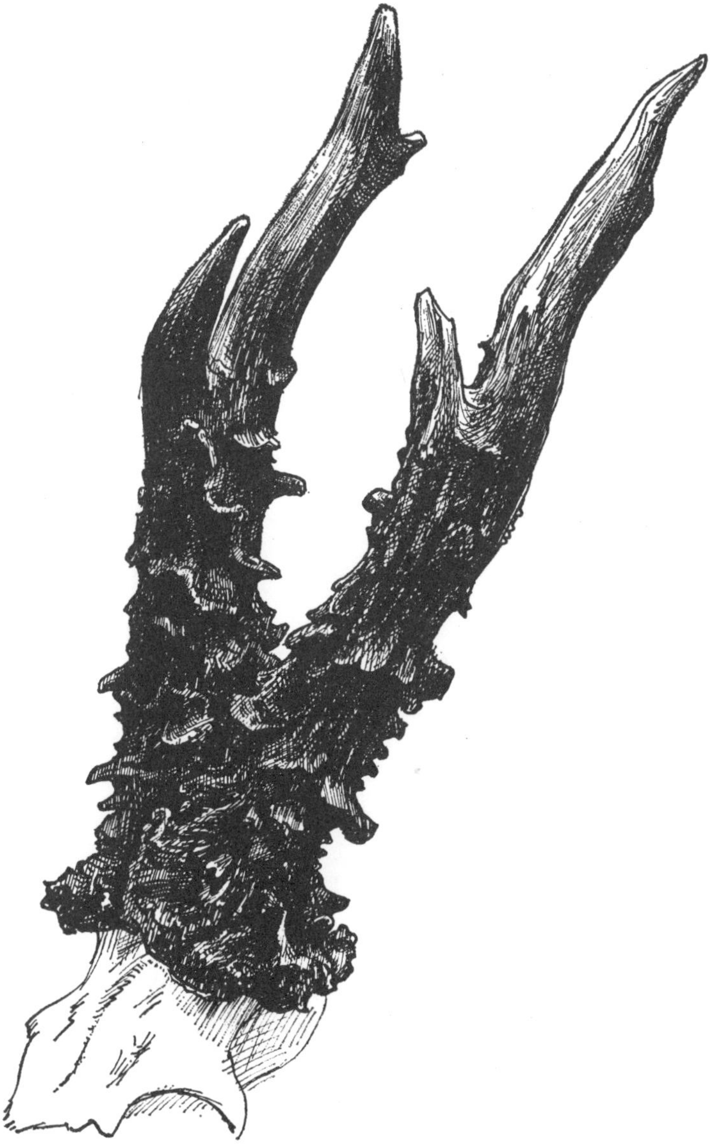

Aus Ostpreußen

erlegt im Juli 1944 im Revier **Schmolainen**, Kreis Heilsberg

von Wichert, Bielefeld

135,65 Punkte

Stangenlängen: 25,5 — 26,3 cm	=	12,95 Punkte
Gehörngewicht: 489 Gramm	=	48,90 Punkte
Gehörnvolumen: 201 ccm	=	60,30 Punkte
Auslage: 16,7 cm	=	4,00 Punkte
Farbe:	=	1,00 Punkte
Perlung:	=	1,00 Punkte
Rosen: — 21,8 cm Gesamtumfang —	=	2,00 Punkte
Endenspitzen:	=	1,50 Punkte
Zuschläge für Form und Vereckung	=	+4,00 Punkte
		135,65 Punkte

Sehnen-Höhe	24,0 — 24,5 cm
Vorder-Enden	10,5 — 10,0 cm
Ober-Enden	9,0 — 9,0 cm
Hinter-Enden	7,0 — 6,5 cm
Rosenstockdurchmesser . . .	2,3 — 2,3 cm

Auf der Internationalen Jagdausstellung Düsseldorf 1954

Goldmedaille

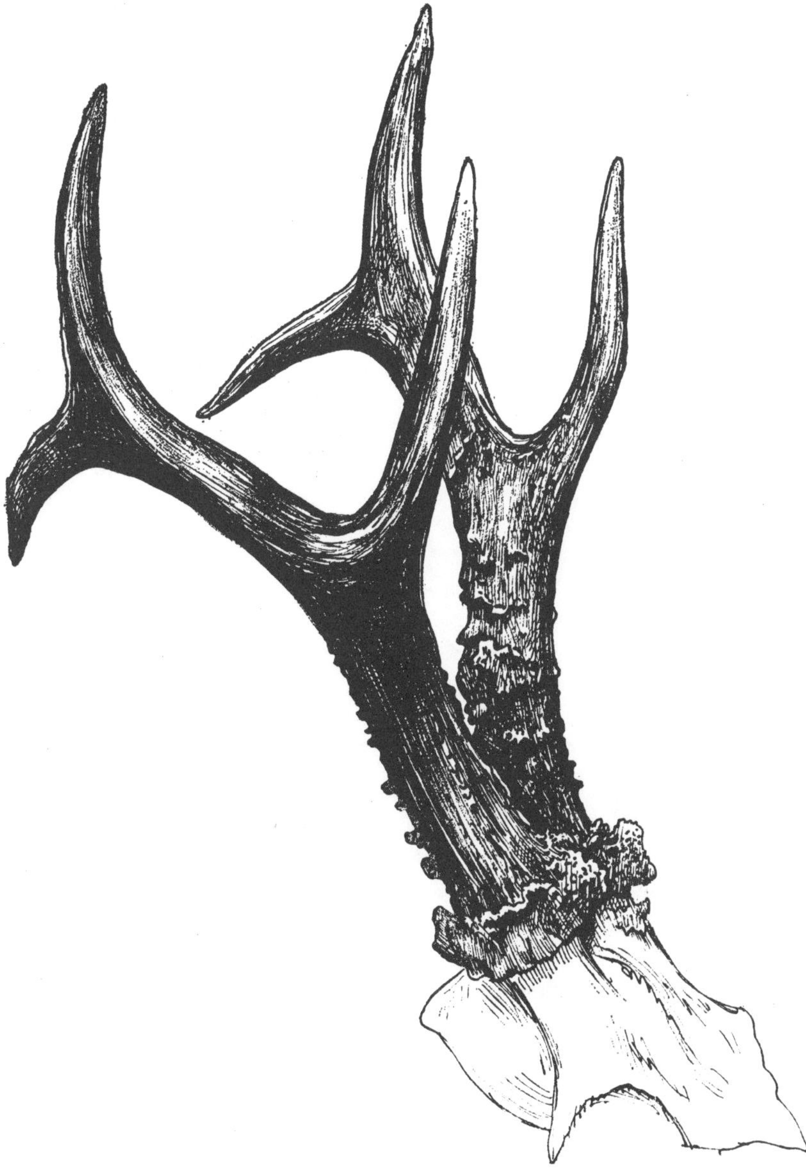

Aus Posen

erlegt 1943 im Revier **Wolskin**

von Harald Bock

147,20 Punkte

Stangenlängen: 25,0 — 24,6 cm	=	12,40 Punkte
Gehörngewicht: 542 Gramm	=	54,20 Punkte
Gehörnvolumen: 227 ccm	=	68,10 Punkte
Auslage: 11,4 cm	=	3,00 Punkte
Farbe:	=	3,50 Punkte
Perlung:	=	2,50 Punkte
Rosen: — 25,3 cm Gesamtumfang —	=	1,50 Punkte
Endenspitzen:	=	1,00 Punkte
Zuschläge für Form	=	+1,00 Punkte
		147,20 Punkte

Sehnen-Höhe	24,5 — 23,5 cm
Vorder-Enden	9,5 — 9,0 cm
Ober-Enden	7,5 — 7,5 cm
Hinter-Enden	6,0 — 6,0 cm
Rosenstock-Durchmesser	2,5 — 2,5 cm

Auf der Internationalen Jagdausstellung Düsseldorf 1954

Goldmedaille

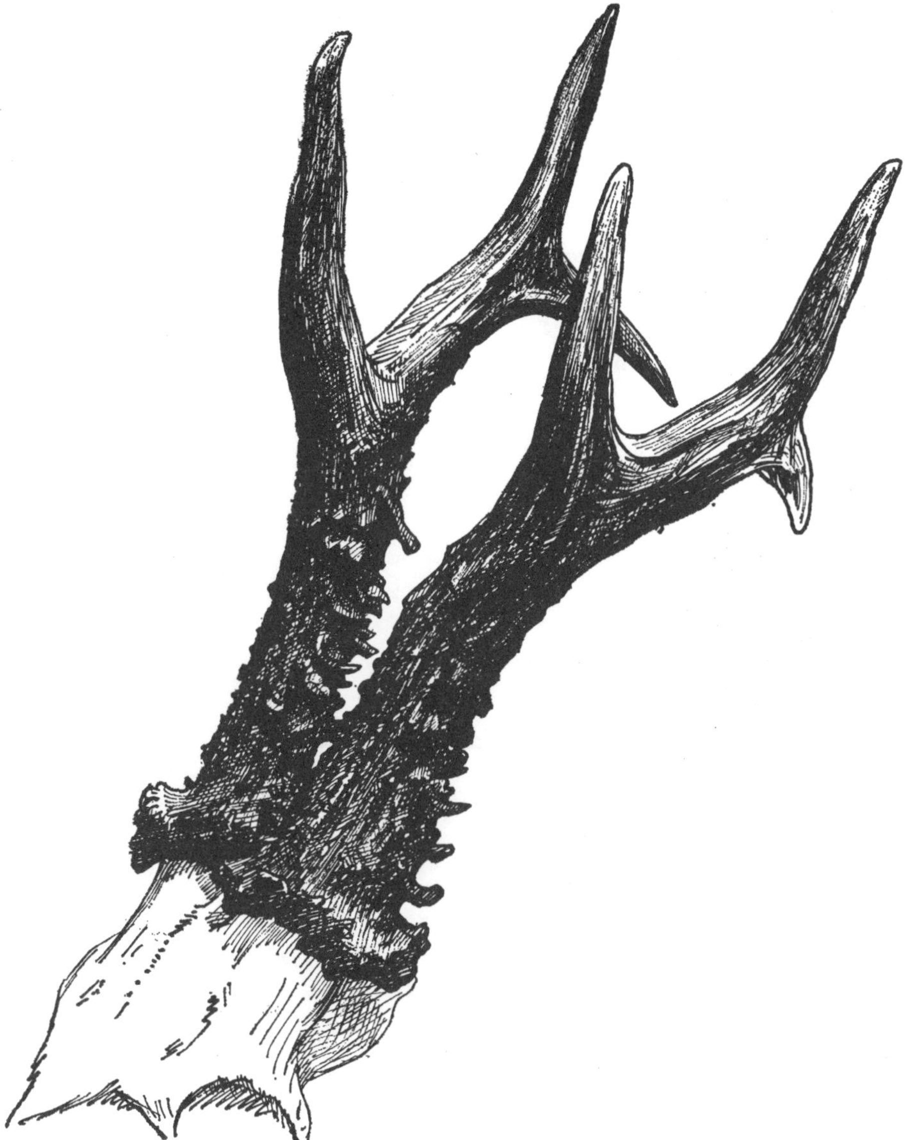

Aus Schlesien

erlegt am 4. August 1943

im Revier **Groß-Logisch**, Kreis Glogau — Niederschlesien

von Viktor Stieren, Wiesbaden

149,10 Punkte

Stangenlänge: 24,5 — 24,7 cm	=	12,30 Punkte
Gehörngewicht: 541 Gramm	=	54,10 Punkte
Gehörnvolumen: 239 ccm	=	71,70 Punkte
Auslage: 20,6 cm über 75 %	=	0,00 Punkte
Farbe:	=	1,50 Punkte
Perlung:	=	2,00 Punkte
Rosen: — 24 cm Umfang —	=	2,00 Punkte
Endenspitzen:	=	1,00 Punkte
Zuschlag für Form und Vereckung	=	+3,50 Punkte
		149,10 Punkte

Bezüglich der Auslage ist die Düsseldorfer Bewertung mit 0,00 Punkten unbefriedigend und unlogisch im Vergleich zu den Zuschlagpunkten. Bewertung nach Ansicht des Autors für Auslage noch 4,0 Punkte

außerdem für Perlung 2,5 Punkte

für Rosen 2,5 Punkte

mithin Mehrpunkte = 5,0 und Gesamtpunktzahl 154,10 Punkte

Sehnen-Höhe	24,0 — 24,0 cm
Vorder-Enden	7,5 — 10,5 cm
Ober-Enden	7,0 — 8,5 cm
Hinter-Enden	5,5 — 6,5 cm
Rosenstock-Durchmesser	2,6 — 2,5 cm

Auf der Internationalen Jagdausstellung Düsseldorf 1954 beste Rehkrone aus Schlesien

Goldmedaille.

Das stärkste deutsche Rehgehörn

auf der Weltjagdausstellung

Budapest 1971

stammte aus der DDR aus dem Revier

Schleesen bei Oranienbaum, Bezirk Magdeburg,

erlegt von **Dr. Krüger 1969.**

Es erhielt neben der Goldmedaille den

Grand Prix,

der ab 175 intern. Punkten verliehen wurde.

182,73 intern. Punkte

Einzelmaße und Bewertung Budapest W. J. A. 1971

Stangenlängen 29,0 — 28,7	= 14,43 Punkte
Gehörngewicht 591 g	= 59,10 Punkte
Gehörnvolumen 309 ccm	= 92,70 Punkte
Auslage 17,0 cm	= 4,00 Punkte
Farbe	= 3,50 Punkte
Perlung	= 3,00 Punkte
Rosen	= 3,00 Punkte
Endenspitzen	= 1,00 Punkte
Zuschlag f. Form u. Enden	= 2,00 Punkte
	182,73 Punkte

Sehnen-Höhe	28,5 — 28,0 cm
Vorder-Enden	5,2 — 8,2 cm
Ober-Enden	8,0 — 5,2 cm
Hinter-Enden	5,5 — 2,5 cm
Rosen-Umfang einzeln	18,6 — 19,1 cm
Rosen-Umfang zusammen	**32,2** — 1,0 cm
Rosen-Durchmesser von vorne	11,5 — 0,5 cm
Rosenstock-Durchmesser	3,0 — 3,0 cm

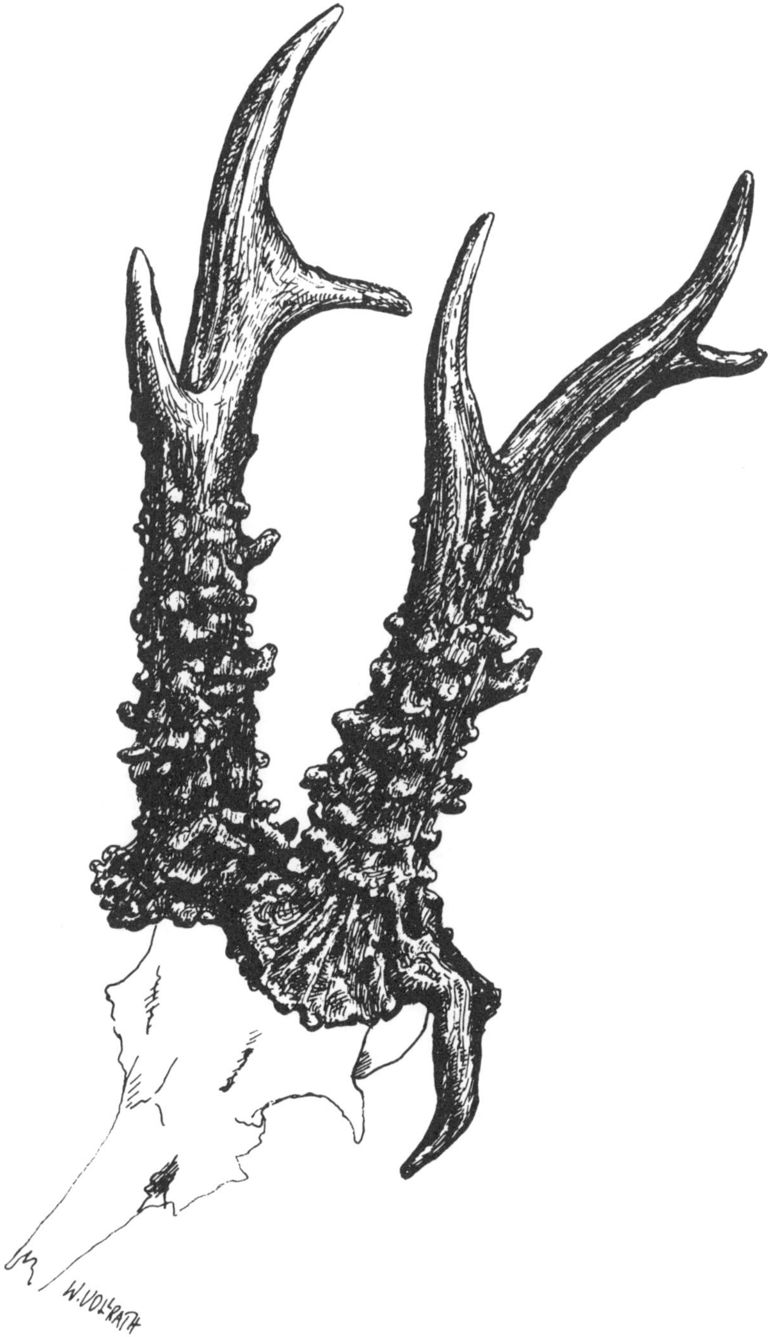
W.VOLLRATH

Rheinland-Pfalz.

165,1 interne Punkte.

stärkste Rehkrone aus den letzten 100 Jahren, erlegt 1972 von Otfried Rutsch Stadecken im Revier Stadecken — Rheinhessen, Bezirk Mainz.

Die Gehörnbewertung vom Institut für Jagdkunde der Universität Göttingen vom 11.7.1972.

Stangenlängen	27,0 — 26,0	26,5	= 13,3 Punkte
Gehörngewicht	548 Gramm		= 54,8 Punkte
Gehörnvolumen	270 ccm		= 81,0 Punkte
Auslage	8,5 cm	0 — 4	= 2,0 Punkte
Farbe		0 — 4	= 2,0 Punkte
Perlung		0 — 4	= 3,0 Punkte
Rosen		0 — 4	= 3,0 Punkte
Spitzen der Enden		0 — 2	= 2,0 Punkte
Zuschlag		0 — 5	= +4,0 Punkte
intern. Punktzahl	=	Wertziffer	= 165,1 Punkte

weitere Einzelmaße:

Vorder-Enden	8,8 — 8,5	Rosenumfang	25,8 cm
Ober-Enden	9,7 — 9,5	Rosendurchmesser	9,4 cm
Hinter-Enden	8,0 — 8,0	Rosenstock-Durchmesser je	2,3 cm
Achter-Ende	— — 3,0		
Perlen bis zu	2,0 cm.	Alter	3 — 4 Jahre

Das Revier Stadecken ist 963 ha groß und gehört zu dem Rehwildring Oberolmer Forst, Hegering Mainz-West, der 1967 von Hegeringleiter F. Huber-Drais gegründet wurde und jetzt noch unter seiner Leitung steht.

Das Gehörn erhielt den Goldenen Staatsehrenpreis der Obersten Jagdbehörde von Rheinland/Pfalz auf der Jahresjagdausstellung der besten Trophäen des Landes aus dem Jahre 1972 in Bad Münster am Stein, ferner eine Goldmedaille als bestes Gehörn der Trophäenschau des intern. Safari Clubs im Palmengarten in Frankfurt am Main am 1. Mai 1974.

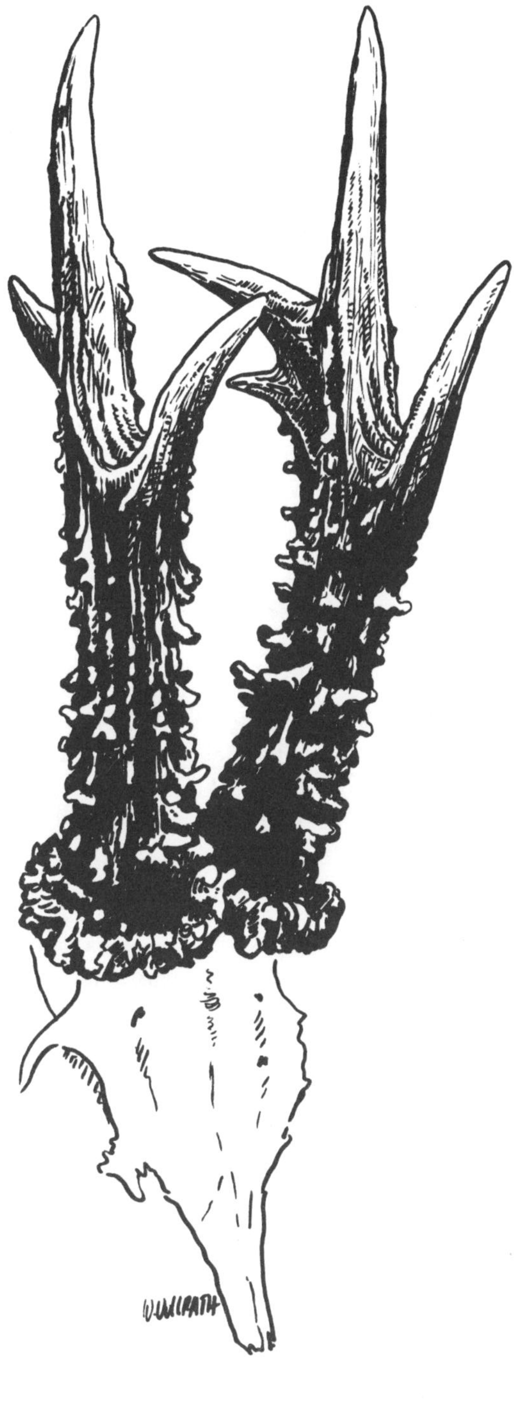

Die Bewertung des Rehgehörns nach der internationalen Formel

(Bieger-Formel)

Zur Ermittlung der Punktzahl eines Rehgehörns werden die Länge der Stangen, das Gewicht und Volumen des Gehörns und die Auslage der Stangen durch Messen ermittelt, während die sog. Schönheitspunkte für Farbe, Perlung, Rosen und Spitzen der Enden, sowie Zuschläge oder Abzüge für Form und Regelmäßigkeit innerhalb einer gewissen Spanne dem freien Ermessen unterliegen.

Stangenlänge: **L.** Messungen an der Außenseite vom unteren Rosenrand seitlich mit angedrücktem Bandmaß der Krümmung der Stange folgend bis zur Spitze.

Gehörngewicht: **G.** Gewicht des trockenen Gehörns kurz gekappt mit Nasenbein in Gramm. Bei ganzem Schädel, also einschließlich Oberkiefer, sind bis zu 90 Gramm abzuziehen. Das direkt nach dem Erlegen gewogene Gehörn, kurz gekappt, verliert im Laufe der Jahre bis zu 15 % seines Gewichts.

Gehörnvolumen: **Gv.** Messung durch Eintauchen der Stangen mit Ausnahme der Rosenstöcke und des Schädels in Wasser und Berechnung des Volumens durch die Wasserverdrängung mittels Wiegen.

Auslage: **A.** Die weiteste Entfernung (innere) der Stangen in cm wird bewertet in Prozenten der Stangenlänge mit 0—4 Punkten.

unter 30 % = 0 P.
30—35 % = 1 P.
35—40 % = 2 P.
40—45 % = 3 P.
45—75 % = 4 P.

über 75 % = übermäßig weit, Bewertung heruntergehend bis auf 0 Punkte.

Schönheitspunkte:

Farbe 0—4 Punkte **F.**

hell oder künstlich gefärbt	0 P
gelb, grau oder hellbraun	1 P.
mittelbraun	2 P.
dunkelbraun	3 P.
sehr dunkel bis schwarz	4 P.

Rosen 0—4 Punkte **R.**

keine Rosen oder sehr schwach	0 P.
mittlere Rosen, schnurförmig	1 P.
gute Rosen, kranzförmig	2 P.
starke Rosen	3 P.
sehr stark	4 P.

Perlung 0—4 Punkte **P.**

glatt, fast ohne Perlung	0 P.
schwach geperlt	1 P.
mittelmäßig geperlt	2 P.
gut geperlt	3 P.
sehr gut geperlt	4 P.

Spitzen der Enden **Sp. E.**

0—2 Punkte

stumpf und porös	0 P.
spitz ohne Glanz	1 P.
spitz weiß poliert	2 P.

Zuschläge für Enden 0—2 P.

bei sehr guten regelmäßigen langen Enden

Abzüge für Enden 0—2 P

bei schlechten und fehlenden Enden

Zuschläge für Regelmäßigkeit und Güte der Gehörnform 0—3 Punkte.

Abzüge für Unregelmäßigkeiten der Form, der Stangen, poröse Gehörnmasse pp 0—3 Punkte.

Zuschläge und Abzüge insgesamt nicht mehr als je 5 Punkte.

Prämiierungsgrenzen für Rehkronen

Internationale Jagdausstellung Berlin 1937

- I. Preis Goldmedaille über 140 Punkte
- II. Preis Silbermedaille 132,1—140 Punkte
- III. Preis Bronzemedaille 125,1—132 Punkte

Internationale Jagdausstellung Düsseldorf 1954

- I. Preis Goldmedaille 130 Punkte und mehr
- II. Preis Silbermedaille 115—129,9 Punkte
- III. Preis Bronzemedaille 105—114,9 Punkte

Deutsche Jagdausstellung München 1963 (nur für deutsche Rehgehörne)

- I. Preis Goldmedaille 115 Punkte und mehr
- II. Preis Silbermedaille 105—114,9 Punkte
- III. Preis Bronzemedaille 95—104,9 Punkte

Formblatt und Beispiel
für die Bewertung des Rehgehörns

Maße des besten deutschen Rehgehörns der I. J. A. Düsseldorf 1954

Nr.	Angaben	Maße	Summe	Mittel	Faktor	Punkte
1	Länge der Stangen	r. 26,0 cm l. 24,3 cm	50,3 cm	25,15	0,5	12,65
2	Gehörngewicht	568 g	±		0,1	56,80
3	Gehörnvolumen	248 ccm			0,3	74,40
4	Auslage	11,5 cm	$\frac{\text{Nr. 4}}{\text{Nr. 1}} \cdot 100 = \%$		45 %	4,00
5	Schönheitspunkte a) Farbe b) Perlung c) Rosen d) Spitzen der Enden				 0—4 0—4 0—4 0—2	 2,0 3,0 4,0 2,0
6	Zuschläge				0—5	+2,0
7	Abzüge				0—5	
					Wertziffer	160,85

Bemerkung: Kann das Volumen Nr. 3 nicht ermittelt werden, so wird beim Gewicht Nr. 2 an Stelle des Faktors 0,1 der Faktor 0,22 angewendet.

Zusätzliche Maße außerhalb der Gehörnbewertung

Gemessen auf 1/10 cm.

Sehnen-Höhe H. = die direkte Verbindung von dem vorderen unteren Rosenrand bis zur Gehörnspitze.

Enden: Gemessen von der Venenabzweigung mit angelegtem Bandmaß außen bis zur Spitze.

Vorder-Ende **E_1**. Ober-Ende **E_2**. Hinter-Ende **E_3**.

Rosenumfang **Ru.** = der Gesamtumfang beider Rosen mit angelegtem Bandmaß unter Überspannung der Entfernung zwischen den Rosen. Berühren sich die Rosen nicht, so ist die doppelte Differenz abzusetzen.

Rosen-Durchmesser **R.D.** = die Entfernung der beiden äußeren Rosenränder

Rosenstock-Durchmesser **Rst.D.** = der Durchmesser der Rosenstöcke von vorne jeweils in der Mitte gemessen.

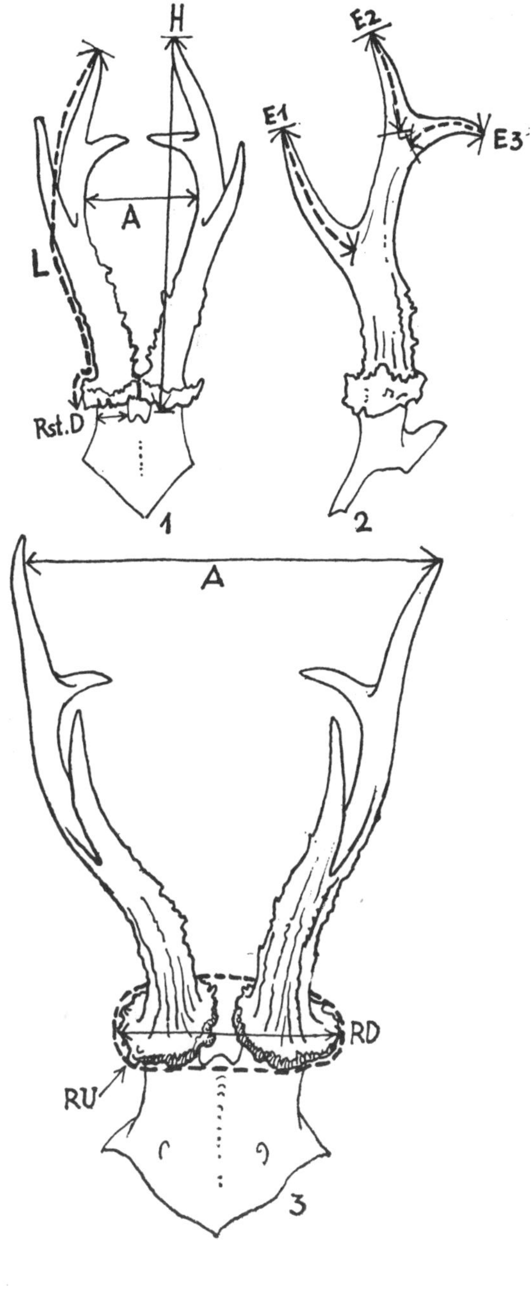
H
A
L
Rst.D
1
E2
E1
E3
2
A
RD
RU
3

Zeichenerklärung
und Nachweis der abgebildeten Gehörne

Die Zeichnungen auf den Tafeln sind nach Originalgehörnen, zu denen die dazugehörigen Gebisse vorgelegen haben, maßstabgerecht angefertigt.

Zur weiteren Beurteilung ist angegeben:

die Höhe	= H in cm,
das Gehörngewicht kurz gekappt	= G in Gramm,
der Rosenstockdurchmesser von vorne gesehen	= RstD in mm,
das Wildpretgewicht aufgebrochen	= Wp. in Kilogramm

Die Gehörne stammen:

Tafel 5. vom Hunsrück 450 m NN 1. und 2. von 1927; 3. von 1930.

Tafel 6. vom Hunsrück 400 m NN 1927.

Tafel 7. vom Hunsrück 1. 350 m NN 1936; 2. 450 m NN 1930.

Tafel 8. 1. Wildmarkenbock vom Institut für Jagdkunde Berlin-Wannsee, 2.—4. vom Hunsrück 1936, 1937 und 1935.

Tafel 9. 1. südl. Schwarzwald 800—1000 m NN; 2. Wildmarkenbock vom Institut für Jagdkunde Berlin-Wannsee; 3.—4. vom Hunsrück 400 m NN 1937 und 1935.

Tafel 10. vom Hunsrück 1. und 2. 1930; 3. 1928; 4. 1929.

Tafel 12. vom Hunsrück 1. 300 m NN 1928; 2. 450 m NN; 3. 300 m NN 1934; 4. Wildmarkenbock vom Institut für Jagdkunde Berlin-Wannsee.

Tafel 13. vom Hunsrück 1. und 2. 300 m NN 1937; 3. 400 m NN 1931; 4. 450 m NN 1933.

Tafel 14. vom Hunsrück 1. und 2. 300 m NN 1936; 3. 400 m NN 1932; 4. 300 m NN 1934.

Tafel 15. 1. vom Hunsrück 300 m NN 1928; 2. vom Wuppertal 200 m NN 1932; 3. vom Hunsrück 450 m NN 1930; 4. südl. Schwarzwald 850 m NN.

Tafel 16. 1. Südhannover 250 m NN 1922; 2. vom Hunsrück 350 m NN 1937; 3. Südhannover 300 m NN 1923; 4. Hunsrück Soonwald 500 m NN 1937.

Tafel 17. vom Hunsrück ca. 400 m NN 1934, 1930, 1926, 1934.

Tafel 18. vom Hunsrück 1. 500 m NN 1936; 2, 300 m NN 1931; 3. 400 m NN 1936.

Tafel 19. 1. vom Hunsrück 400 m NN 1935; 2. Kurhessen 200 m NN 1924; 3. Schleswig-Holstein 100 m NN 1923; 4. Baden.

Tafel 20. Hunsrück 1. 300 m NN 1928; 2. 300 m NN 1936; 3. 450 m NN 1937; 4. 350 m NN 1930.

Tafel 21. Hunsrück 350—450 m NN 1.—3. von 1929.

Tafel 22. Hunsrück 1. 450 m NN 1927; 2. 350 m NN 1934; 4. 500 m NN 1928.

Tafel 24. Hunsrück 450 m NN 1932, 1933, 1934 und 1935.

Tafel 27. 1. Holstein 100 m NN 1922; 2. Hunsrück 400 m NN 1934; 3. südl. Schwarzwald 800 m NN.

Tafel 28. Hunsrück 1. und 2. im Dezember 1937; 3. 1936; 4. 1936.

Deutsche Jagdausstellung München 1963

Die 10 besten Rehkronen über 130 Punkte der internationalen Goldmedaillenklasse aus der Zeit 1955—1963

Intern. Punkte	Gewicht G.	Volumen GV.	L. cm	A.	F.	P.	Ru. cm R.	SpE	±	Erleger Revier	Jahr
149,0	543	231	22,0 23,9	4,0	3,0	3,0	28,2 4,0	1,0	—1,0	Fürst Öttingen-Spielberg Schwaben	**1963**
147,0	516	233	28,0 26,0	4,0	3,0	2,0	27,2 3,0	2,0	—2,0	G. M. Eisenlohr Schwäbische Alb	**1959**
144,3	496	230	21,2 21,5	4,0	4,0	4,0	27,3 3,0	0		Walter Harras Rheingau/Taunus	**1961**
144,3	474	225	25,0 24,6	4,0	2,0	4,0	29,0 2,0	2,0	+ 1,0	H. Eilers Wittmund/Ostfriesland	**1956**
142,3	426	246	23,5 24,4	4,0	3,0	1,0	25,0 2,0	2,0	+ 2,0	H. Scholze Nord-Baden	**1957**
142,1	482	212	25,0 24,3	3,0	3,0	3,0	26,0 3,0	2,0	+ 4,0	H. Kurz Fränk. Jura	**1957**
138,3	495	225	22,3 22,9	4,0	3,0	1,0	27,8 2,0	1,0	—1,0	F. Baier Baar/Baden-Württemberg	**1960**
137,0	458	219	23,0 23,0	4,0	3,0	3,0	27,5 4,0	0	—	K. Hain, Krs. Lörrach Baden-Württemberg	**1955**
135,5	404	209	24,8 24,8	4,0	4,0	4,0	23,0 3,0	1,0	+ 4,0	Dr. Popken Ostfriesland	**1959**
131,8	429	207	25,5 25,5	4,0	3,0	3,0	22,2 2,0	2,0	+ 4,0	E. Mattes Krs. Tübingen	**1961**

Rehgehörne der Grand-Prix-Klasse auf der Weltjagdausstellung Budapest 1971.

	intern. Punkte	Jahr	Land	Revier	Erleger	Stangen-Länge cm	Gehörn-Gewicht g	Gehörn-Volumen ccm
1.	228,68	1965	Ungarn	Martonvasar	Cseterki Lajos	32,4 — 28,5	766,5	398,5
2.	201,70	1938	CSSR	Brno	F. Haase	31,4 — 28,0	710	357
3.	196,00	1896	Polen	Nienadova	Gräfin Maria Mycielska	32,5 — 31,0	647	338
4.	193,80	1969	Ungarn	Szajol	E. Tribull	26,2 — 26,2	693	333
5.	190,05	1966	Ungarn	Szöreg	Mr. Düring, USA	29,6 — 30,0	644	305
6.	192,28	1967	Polen	Skuli	Usochowski	27,8 — 27,0	—	—
7.	186,20	1969	Rumänien	Cefa-Bihor	Szekely Tiberiu	27,8 — 27,0	646	330
8.	184,30	1933	Polen	Rakowczyk	Franziszek Pikor	30,0 — 30,6	581	335
9.	184,15	1971	Ungarn	Töröszentmiklos	Klaus Kriews	26,0 — 23,0	513	331
10.	184,05	1969	Ungarn	Komadi	Ferenc Papp	27,0 — 27,2	629	317
11.	183,22	1968	Schweiz	Neunform	A. Fischer	27,6 — 24,0	619	298
12.	183,15	1955	Jugoslawien	Krpel Ogulin	Djuro Višnjić	27,0 — 27,0	600	302
13.	182,73	1969	DDR	Schleesen	Dr. Krüger	29,0 — 26,7	591	309
14.	182,32	1962	Polen	Spala	Museum Warschau	23,5 — 24,5	—	—
15.	181,40	1966	UdSSR	Eszt Sz. Sz. K.	J. Anton	26,0 — 23,6	655	315
16.	179,50	1925	Rumänien	Cusma N.	Leonida Pop	28,6 — 28,9	590	292
17.	179,35	1969	Ungarn	Endröd	Urin Bela	26,2 — 27,4	620	320
18.	179,33	1969	Ungarn	Kisujzallas	Mavosz	29,5 — 28,0	622	305
19.	178,45	1965	Ungarn	Endröd	Hans Wewalka	26,2 — 27,4	620	320
20.	176,72	1962	CSSR	Nesvadi	Jan Kosec	24,85	668	304
21.	176,40	1928	Schweden	Börringe	Baron L. Beck-Friis	35,0 — 34,2	604	299
22.	175,30	1940	Schweden	Dybeck	K. Alven	31,1 — 28,7	593	286
23.	175,20	1967	Polen	Wremiarzevo	Pawlowski	29,0 — 28,3	585	291